Marc Chagall / Klaus Mayer   Wie schön ist deine Liebe

MARC CHAGALL / KLAUS MAYER

WIE SCHÖN IST DEINE LIEBE

Bilder zum Hohenlied
im Nationalmuseum der Biblischen Botschaft
Marc Chagall in Nizza

echter

CIP-Kurztitelaufnahme der Deutschen Bibliothek

Wie schön ist deine Liebe! : Bilder zum Hohenlied im Nationalmuseum d. Bibl. Botschaft Marc Chagall in Nizza / Marc Chagall. Klaus Mayer. [Fotograf: Kurt Gramer]. – Würzburg : Echter, 1984.
ISBN 3-429-00857-3
NE: Chagall, Marc [Ill.]; Mayer, Klaus [Mitarb.]

Fotograf: Kurt Gramer

2. Auflage 6.–10. Tsd. 1984

Satz, Druck, buchbinderische Verarbeitung:
Echter Würzburg,
Fränkische Gesellschaftsdruckerei und Verlag GmbH
Lithos: G. Held, Würzburg

ISBN 3-429-00857-3

Marc und Vava Chagall
in Liebe

Wie schön ist deine Liebe

Auf einem der Hügel von Cimiez über der Bucht und Innenstadt von Nizza liegt inmitten von Olivenbäumen, Palmen, Zypressen, Steineichen, Rasenflächen und Blumen das »Nationalmuseum der Biblischen Botschaft Marc Chagall«. Wie schon sein Name besagt, birgt es nur Kunstwerke von Marc Chagall mit biblischer Thematik. Deshalb soll es auch nicht so sehr Museum, sondern Stätte der Besinnung sein. Am Einweihungstag sagte der Künstler: »Ich wollte sie (meine Bilder) in diesem Haus unterbringen, damit die Menschen hier einen gewissen Frieden, eine gewisse Geistigkeit, eine Religiosität, einen Lebenssinn finden.« Und noch etwas ist an diesem Museum außergewöhnlich: Zuerst waren die Bilder da, und für sie, von diesen Bildern her ist die Architektur des Museums entwickelt.

Nach Durchschreiten der Eingangshalle und des größten Saals mit großformatigen Ölgemälden, deren Thematik von der Erschaffung des Menschen bis zur Übergabe der Tafeln des Bundes an Mose reicht, und einer sich anschließenden Räumlichkeit mit Skulpturen und Reliefs gelangen wir in einen nach Westen vorgeschobenen, kleinen, intim wirkenden, sechseckigen Raum. Hier finden wir, auf fünf Wandflächen verteilt und durch schlanke, hohe Fenster voneinander getrennt, einen Bilderzyklus zu einem der poetischen Bücher der Bibel, dem Hohenlied.

Von der Architektur des Sechsecks begünstigt, gewinnt dieser kleine Raum seine Geborgenheit schenkende, mystische Atmosphäre durch die fünf Bilder, die alle in vielfältig abgestuften Rottönen gehalten sind. Von diesem Rot, das von fünf Seiten auf ihn einwirkt, ist der Besucher wie eingehüllt. Und die Wirkung verbleibt nicht im äußeren Bereich, sondern dieses Rot strömt atmosphärisch in ihn ein. Auch die gute Proportionierung der Bilder zu den Wandflächen und dem Raum insgesamt trägt zur heimeligen Atmosphäre bei.

Darüber hinaus gibt es wohl noch einen Grund, den ich als mystisch bezeichnen möchte. Zieht man Linien von den Ecken der sechs Wände zum Mittelpunkt des Saales, so entstehen sechs Zacken, die nicht – wie bei einem Stern – nach außen weisen, sondern, gleichsam nach innen umgeklappt, die sechs Wandflächen zur Einheit führend, im Mittelpunkt des Saales zusammenlaufen. Damit ist dieser Raum die Umkehrung des Hexagramms, des Davidsterns. Tatsächlich begegnet uns auch der Davidstern, klein angedeutet im ersten Bild und unübersehbar groß, mit der Sonne verschmolzen, im fünften Bild zum Hohenlied. Von diesem Hexagramm in Bild V her scheint mir die Architektur des Saales bestimmt zu sein.

»Das Lied der Lieder«, in deutscher Sprache das »Hohelied« genannt, ist eine Sammlung von Liebesliedern. Sie feiern die Liebe von Mann und Frau. Mit großer Unbefangenheit, Natürlichkeit spricht das Hohelied in orientalischer Bildhaftigkeit offen und doch verhüllt, aber an keiner Stelle ehrfurchtslos von liebendem Verlangen, Liebesleid und Liebesglück.

Das Hohelied – ein Buch der Bibel? Von seinem Inhalt her werden manche fragen, wie dieses so »weltlich« erscheinende Buch in die Bibel hineingeraten ist. Und dazu kommt noch, daß in keinem dieser Liebeslieder der Name Gottes genannt wird.

In der Tat wurde diese Frage im ersten nachchristlichen Jahrhundert, wohl unter dem Einfluß des leibfeindlichen Dualismus der hellenistischen Philosophie, von jüdischen Gelehrten gestellt. Aber trotz dieser Bedenken sprach vieles für die Anerkennung als Buch der Bibel. Seit seiner Entstehung im 4. oder 3. vorchristlichen Jahrhundert ist das »Lied der Lieder« immer der Bibel zugerechnet worden. Sein erster Vers »Das Lied der Lieder von Salomo« ordnet es der Weisheitsliteratur der Bibel zu. König Salomo, Typus der Weisheitslehrer Israels, wurden das Buch der »Sprichwörter«, das Buch »Kohelet« und das »Hohelied« zugeschrieben, unter seinem Namen, so würden wir heute sagen, herausgegeben. Darüber hinaus ist Ort des Liebesgeschehens eindeutig Jerusalem, geistlicher und politischer Mittelpunkt von Juda, wie die mehrfache Anrufung der »Töchter Jerusalems« erweist. Allerdings wurde das Hohelied bald nur noch in allegorischer Deutung geduldet als Bild und Gleichnis höherer Wirklichkeit, nämlich der bräutlichen Liebe zwischen Gott und seinem auserwählten Volk. Entsprechend fand denn auch das »Lied der Lieder« in der jüdischen Liturgie seinen Platz als Festrolle für das Paschafest.

Das Christentum übernahm mit den Heiligen Schriften des Volkes Israel auch das Hohelied. Wurde seine Zugehörigkeit zur Bibel auch nie in Frage gestellt, so wurde es doch ebenfalls durch Jahrhunderte nur als Allegorie, Bild und Gleichnis – jetzt der bräutlichen Liebe zwischen Christus und Maria, Christus und der Kirche, Christus und der Seele des Menschen – in der Liturgie verstanden.

Im Gegenzug zur Deutung des Hohenliedes nur im übertragenen, allegorischen Sinn wurde von vereinzelten Erklärern unserer Zeit die Meinung vertreten, das Hohelied habe seinen Ursprung im außerbiblischen Kult der Astarte, der Göttin der Fruchtbarkeit, im Ritus der »Heiligen Hochzeit«. Diese Auffassung gilt heute weitgehend als überholt.

Heute gewinnt die Auffassung immer mehr an Boden, daß es sich bei dem »Lied der Lieder« ursprünglich um einen Lobpreis der Liebe von Mann und Frau handelt. Und warum auch nicht? Die Heiligen Schriften des Volkes Israel kennen keine Leibfeindlichkeit, lesen wir doch schon auf den ersten Seiten der Bibel nach der Erschaffung des Menschen als Mann und Frau: »Gott sah alles an, was er gemacht hatte: Es war sehr gut« (Gen 1,31).

Aber da bleibt die Frage: Wieso nennt das Hohelied nicht ein einziges Mal den

Namen Gottes und ist doch Buch der Bibel? Die Antwort scheint mir gerade darin zu liegen, daß das »Lied der Lieder« seit seinem Entstehen für allegorische Deutung offen, Bild und Gleichnis für die Liebe Gottes zu uns Menschen ist. Das besagt doch, daß Liebe zwischen Mann und Frau, somit auch erotische und sexuelle Liebe, auf Gott hin durchsichtig, transparent ist. Das ist nur zu verständlich, weisen doch alle Schöpfungswerke auf ihren Schöpfer, auf Gott hin. Da nun Gottes tiefstes Geheimnis »Liebe« ist, wie die Schrift sagt: »Gott ist Liebe« (1 Joh 4,16), vermag den liebenden Gott in seiner Schöpfung nichts so gut abzubilden wie wahre Liebe, wo immer sie uns begegnet. In der Befähigung des nach Gottes Abbild erschaffenen Menschen, zu lieben, ersteigt seine Gottebenbildlichkeit ihren Höhepunkt. Dementsprechend sind Gottes- und Nächstenliebe auch wichtigste Aufgabe des Menschen, ohne die er seinen Lebenssinn nicht erfüllen kann. Da das biblische Buch des Hohenliedes nur ein einziges Thema hat: »Liebe«, ist es schon von seiner Thematik her transparent, weist es ständig auf Gott hin, auch wenn es ihn nicht namentlich nennt. Auch in anderen Schriften der Bibel findet sich die Liebe von Mann und Frau als Bild für die Liebe Gottes zu uns, so daß in biblischer Sicht die Ehe Abbild des Liebesbundes Gottes mit uns Menschen ist.

Die Liebe von Mann und Frau, wie sie uns im Hohenlied begegnet, weist einen hohen sittlichen Stand aus. An Aktualität hat der Text nichts verloren. Wir finden in ihm, was wir heute für die Ehe grundlegend wichtig halten. Der Bibelwissenschaftler Günter Krinetzki weist darauf hin: »Das Hohelied plädiert für Partnerschaft, Gleichberechtigung und Personalität der Liebe (2,16; 6,3) und bindet sie an die absolute Ausschließlichkeit (6,9, vgl. 8,13 u. ö.), Treue (8,6; vgl. 8,4) und Selbstbewahrung für den Partner (4,12; 5,1; 6,11).

Verherrlicht und offen, aber zugleich ehrfürchtig beschrieben wird die Schönheit von Mädchen und Jüngling ... Damit zusammen wird der Liebesgenuß selbstverständlich befürwortet (7,7.11, vgl. 2,3; 3,2), und zwar als etwas, das seinen Sinn in sich selber trägt: als die den Liebenden gewährte Erfüllung

ihrer Beziehung (2,3; 4,13.16; 8,11.12)« (Günter Krinetzki, Hoheslied, Würzburg 1980, »Die Neue Echter Bibel«, Seite 5).
Marc Chagall hat einen Zyklus zum Hohenlied geschaffen. Ein einzelnes Bild dazu wäre nicht so schwierig gewesen. Anders ist das bei einem Zyklus in fünf Bildern. Hier geht es nicht mehr nur um die Botschaft des einzelnen Bildes, so wichtig sie ist, sondern um Interpretation des Hohenliedes in seiner Gesamtheit. Jedem Zyklus liegt ein Ordnungsprinzip zugrunde, sei es vom zeitlich-geschichtlichen Ablauf oder von einer sich im Zyklus entfaltenden Idee her. Nun ist aber das Hohelied kein geschichtliches, sondern ein poetisches Buch. Damit scheidet zeitlicher Ablauf als Ordnungsprinzip aus. Es ist aber auch nicht so, als würde im Hohenlied fortschreitend entwickelt, was es um die Liebe von Mann und Frau ist. Vielmehr haben wir im Hohenlied eine Zusammenstellung von Liebesliedern, die aneinandergereiht sind.
Das erschwerte sehr die Schaffung eines Zyklus zu diesem »Lied der Lieder«. Für seinen Bilderzyklus brauchte Marc Chagall ein Ordnungsprinzip, und er fand es in den Liedern verstreut, in sich im Hohenlied kundtuenden Elementen, Stufen der Liebe von Mann und Frau. Aber es ging dem Künstler nicht nur um ein Ordnungsprinzip, sondern zugleich um Steigerung von Bild zu Bild. Das geht eindeutig daraus hervor, daß Marc Chagall seine Bilder numeriert hat: Le Cantique des Cantiques I bis V. Vom ersten bis zum fünften Bild gibt es Steigerung in der Weise, daß der Künstler mit jedem Bild tiefer in das in Gott gründende Mysterium der Liebe hineinführt.
Und da ist noch etwas Sonderbares. Der Künstler hat die Bilder nicht im Uhrzeigersinn anbringen lassen, sondern umgekehrt, entgegen dem Uhrzeigersinn, und zwar so, daß der Blick des Beschauers, wenn er den kleinen Raum betritt, zunächst auf den krönenden Abschluß des Zyklus fällt, auf das auch vom Format her größte Bild V. Darin liegt eine Aussage, denn Liebe entzieht sich den Gesetzmäßigkeiten der Zeit und übersteigt die Zeit, nicht auf sie beschränkt, sondern weiterwirkend in der Ewigkeit. Im Hohenlied klingt das auf

in der wiederholt ausgesprochenen Bitte an die Töchter Jerusalems: »Stört die Liebe nicht auf, weckt sie nicht, bis es ihr selbst gefällt« (2,7; 3,5; 8,4). Im 1. Korintherbrief 13,8 ist die Zeitlosigkeit und Überzeitlichkeit der Liebe noch prägnanter ausgesprochen: »Die Liebe hört niemals auf.«

Es waren die Jahre nach 1950, als Marc Chagall sich erneut der Schaffung von Bilderzyklen zuwandte. So vollendete er 1956 den in den dreißiger Jahren begonnenen, im Zweiten Weltkrieg unterbrochenen Zyklus »La Bible« mit 105 Radierungen, denen er 16 Farblithographien und 12 Lithographien in Schwarz einfügte. Ebenso schuf der Künstler großformatige Ölgemälde mit biblischen Themen. Für diese Bilder suchte er einen Ort, der, biblischer Botschaft entsprechend, diese verstärkt zur Wirkung bringen sollte, einen zu Besinnung und Gebet stimmenden Raum. Was lag da näher, als an einen sakralen Raum zu denken! Die leerstehende, auf einem Hügel liegende Chapelle du Calvaire in Vence war zunächst dafür vorgesehen, erwies sich aber dann doch als nicht so geeignet. Schon damals trug sich Marc Chagall mit der Absicht, neben dem großen Zyklus mit zwölf Bildern aus den Büchern Genesis und Exodus für die Kapelle selbst einen weiteren, kleinen Zyklus zu schaffen, der in einem an das Kirchenschiff angrenzenden, kleinen, intimen Raum, der Sakristei, seinen Platz finden sollte: das Hohelied. Professor Goldmann schreibt dazu das schöne Wort: »Ein eigener Raum ist von Marc Chagall schon im ursprünglichen Entwurf für das reserviert, was immer seinen eigenen Raum braucht und sucht und findet – die Liebe.« Die Bilder sind in den Jahren zwischen 1957 und 1961 geschaffen und fanden ihre bleibende Stätte in dem eigens dafür gestalteten Raum des »Museums der Biblischen Botschaft Marc Chagall«, das am 7. Juli 1973 seine Tore öffnete.

Warum wählte Marc Chagall aus der Vielzahl biblischer Begebenheiten und der damit gegebenen Fülle von Themen das Hohelied aus? Vielleicht liegt der tiefste Grund in der inneren Verwandtschaft des Künstlers zu diesem Buch. Das Hohelied gehört zu den poetischen Büchern der Bibel. Auch Marc Chagall

Blick vom Garten auf das Museum

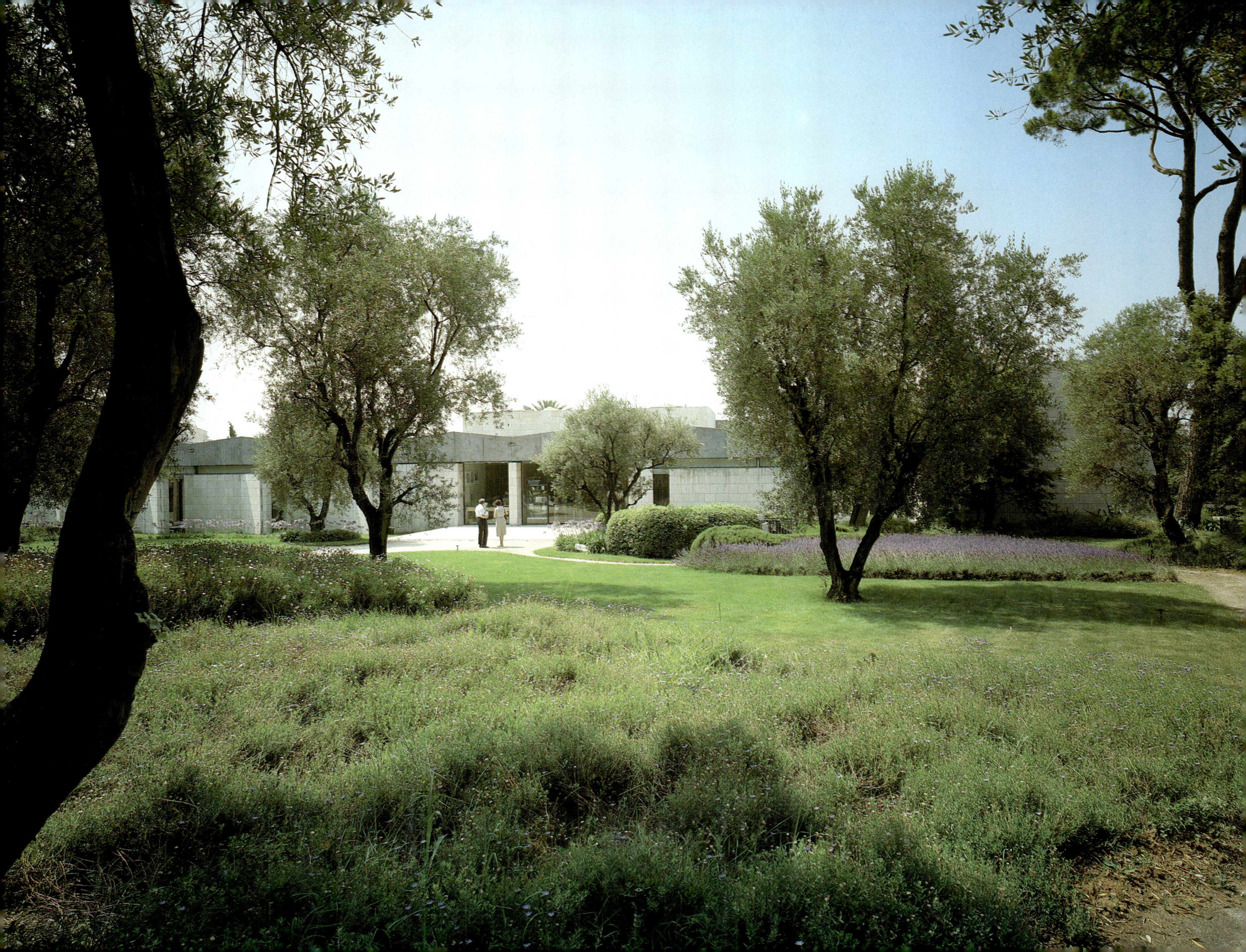

ist Poet, Dichter. Nicht nur, weil er auch Gedichte verfaßt und eine Selbstbiographie geschrieben hat, die bis zum Jahr 1922 reicht. Gewichtiger noch scheint mir zu sein, daß Poesie, Lyrik, Wesenszug seines künstlerischen Schaffens ist. Marc Chagall ist ein lyrischer Maler. Er erzählt in seinen Bildern ständig weiter. Bald bringt er Vergangenheit ein, bald aktualisierende Elemente der Gegenwart, bald verheißende Zukunft, oft alles zusammen. Seine Bilder bleiben somit nie bei sich stehen. Immer weisen sie zeitlich über sich hinaus, übersteigen sie, was sichtbar ist, auf das Hintergründig-Unsichtbare hin. Der Künstler setzt aus seiner poetischen Begabung heraus ihm gewordene, innere Schau in seine Bilder um. Und so ist es auch mit seiner biblischen Botschaft. Er liest die Bibel, nimmt sie in sich auf. Es entsteht ein inneres Bild, gleichsam der Widerschein der Bibel in ihm. Daraus wird dann das Bild geboren, das er malt. Darauf weist sein Wort hin: »Ich sah die Bibel nicht, ich träumte sie.« André Breton schrieb von Marc Chagall: »Die Poeten haben ihm viel zu verdanken, er hat damit zur Verschmelzung der Poesie und der bildhaften Künste beigetragen. Sein totaler lyrischer Ausbruch datiert aus dem Jahre 1911. Von diesem Augenblick an hält durch ihn allein die Metapher ihren triumphalen Einzug in die moderne Malerei.«

Das Hohelied ist ein sehr mystisches Buch. Dafür sprechen die vielen mystischen Deutungen des »Liedes der Lieder«. Und nicht wenige Mystiker haben sich, wie auch die Liturgie, des Hohenliedes bedient, um mystische Erfahrungen der Liebesbegegnung mit Gott in Worte zu fassen. Das liegt allerdings nicht zuerst in der sprachlichen Gestalt des »Liedes der Lieder« begründet, sondern mehr noch in seiner Thematik. Das Hohelied ist ein mystisches Buch, weil sein Thema »Liebe« in sich mystisch ist. Jean Leymarie schreibt im Vorwort zu dem Museumskatalog: »Die Hymne Salomos ist zweifellos das bezauberndste Buch und in seiner Kürze das vielleicht reichste der ganzen Bibel, deren heiligen Sinn – die Umwandlung der heftigsten körperlichen Liebe in absolute Liebe – es zusammenfaßt« (S. 22).

Auch zwischen der Mystik des Hohenliedes und dem Künstler besteht innere Verwandtschaft. Marc Chagall hat einmal von sich selbst gesagt: »Ich bin ein Mystiker ... Mein Gebet, das ist meine Arbeit.« In dieselbe Richtung deutet ein anderes Wort in seiner Rede zur Eröffnung des »Museums der Biblischen Botschaft«: »Entsprechend meinen Kräften habe ich diese Gemälde in Einklang mit jenem fernen Traum geschaffen – und dies mein ganzes Leben lang, obschon ich manchmal den Eindruck habe, als sei ich ganz und gar ein anderer, als wäre ich sozusagen zwischen Himmel und Erde geboren, als sei die Welt eine große Wüste, wo meine Seele wie eine Fackel umherschweift.« Marc Chagall muß mystisch malen, weil ihm die Gabe der Mystik geschenkt ist. Das war sein Wunsch schon in frühen Jahren. Er gibt ihn in seiner Selbstbiographie zu erkennen, wenn er im Zusammenhang mit seiner Übersiedelung zu Kunststudien in Petersburg 1907 erwähnt: »Das Wesentliche ist die Kunst, die Malerei, eine Malerei, die ganz anders ist, als alle Welt sie macht. Aber welche? Wird mir Gott oder sonst jemand die Kraft geben, daß ich den Bildern meinen Atem einhauchen kann, den Atem des Gebetes und der Trauer, des Gebetes um Erlösung und Wiedergeburt?« (Mein Leben, S. 65).

Auch in einem Vortrag in der Universität Chicago 1958 klingt die mystische Begabtheit an, wenn er von seiner Kunst sagt: »Sie war notwendiger als die Nahrung. Sie schien mir wie ein Fenster, durch das ich hätte davonfliegen können, einer anderen Welt entgegen« (F. Meyer, Marc Chagall, S. 591). Auch die Art, wie Marc Chagall malt, entspricht der Eigenart des Mysteriums und der Prophetie. Chagalls Bildsprache ist immer zugleich enthüllend und verhüllend.

Worin liegt das Geheimnis der ungewöhnlich großen Ausdruckskraft dieser Bilder? Gewiß, Geheimnisse lassen sich nicht ergründen, aber vielleicht ein wenig erhellen. Zunächst ist es die mystische Tiefe der Bilder. Marc Chagall malt nicht realistisch, nicht surrealistisch, sondern supranatural, das heißt: immer über sich hinausweisend, transparent auf den hin, dem alle Schöpfung ihr Dasein verdankt. Und das gilt nicht nur für die Ikonographie der Bilder, für das, was Marc Chagall malt, sondern ebenso für die Farbe. In seiner Rede zur Eröffnung des Musée kam Marc Chagall darauf zu sprechen: »Sind nicht die Malerei, die Farbe eine Inspiration der Liebe? Ist die Malerei denn etwas anderes als der Widerschein unseres inneren Ichs? Und eben dadurch wird die Meisterschaft der Pinselführung übertroffen. Die Farbe allein, mit ihren Linien, enthält den Charakter, die Botschaft des Malers.« Glaube, Hoffnung, Liebe, Gott- und Weltbejahung, die Mystik des Künstlers fließen in seine Farben ein, lassen ihn aus innerer Schau heraus die jeweils richtige, zu Herzen gehende Farbgestalt finden.

Dann wäre zu nennen, was Marc Chagall »Chimie« oder »la touche« nennt. Dabei geht es um den Umgang mit der Farbe, um die Art, wie Marc Chagall die Farbe aufträgt. In einem Ausstellungskatalog der Galerie Maeght in Zürich zu Chagall, Peintures, Gouaches, Dessins Lavis berichtet Manuel Gasser von einem diesbezüglichen Gespräch mit dem Künstler im Jahre 1971: »Wie vorhin bei der Skulptur traten wir ganz nahe an die Leinwand heran und tasteten sie Quadratzoll um Quadratzoll mit den Augen ab. Dabei zeigte es sich, daß der auf den ersten Blick gleichmäßig schwarz erscheinende Hintergrund des Bildes auch dort, wo er tatsächlich mit dieser Farbe bedeckt war, eine Unzahl von Abschattierungen aufwies, die teils dadurch entstanden waren, daß der Auftrag bald matt, bald glänzend war – zur Hauptsache aber war das Schwarz mit einem Hauch Karmin oder Olivgrün oder Preußischblau überzogen. Was Chagall mit dem Satz kommentierte: ›Nicht wahr, es flüstert!‹« Und wenig später schreibt Gasser: »Überhaupt der Farbauftrag! Zart, nervös, plan über weite Strecken wurde er unversehens durch pastose Partien, durch körnige, spröde Farbhaufen unterbrochen. Ja, selbst der Malgrund war in dieses feine Spiel einbezogen; denn sehr bewußt wurde die Struktur der Leinwand bald sichtbar gemacht, dann wieder durch glatte Farbflächen zugedeckt. An einigen Stellen lag das Gewebe auch frei oder war durch Kratzer mit dem Pinselstiel nachträglich wieder bloßgelegt worden.« Manuel Gasser hat seinen Beitrag »Das Neue bei Marc Chagall« überschrieben. Aber diese »Chimie« ist wohl gar nicht so neu, sondern Ergebnis einer langen Entwicklung durch viele Jahrzehnte. Vielleicht spürte schon Leon Bask etwas davon, als er seinem Schüler Marc Chagall 1911 in Paris sagte: »Jetzt singen Ihre Farben.« Marc Chagall bedient sich der vielfältigen Möglichkeiten der Wandelbarkeit der jeweiligen Materie, die er zum Kunstwerk gestaltet.

Darüber hinaus gewinnen die Kunstwerke von Marc Chagall an Ausdruckskraft durch die »Construction psychique«. Sie besagt, daß jedes Bildelement den Platz erhält, der seiner psychischen Strahlungskraft entspricht. Bei Betrachtung der fünf Bilder zum Hohenlied wird das, wie ich hoffe, deutlich werden, etwa bei Beantwortung der Frage: Warum ein Brautpaar im Baum, König Salomo schwebend mit Flügeln, ein mit dem Kopf nach unten fliegender Vogel und vieles anderes mehr?

Daß Marc Chagall supranatural malt, seine »Chimie« und die »Construction psychique« – das alles hilft zur Tiefenwirkung seiner Bilder. Der Beschauer fühlt sich unmittelbar in seinem Innern, seinem Lebensgefühl angesprochen. Und aus dem Zusammenspiel der genannten Komponenten ergibt sich auch die an die Grenzen des in der Kunst Möglichen gehende Bewegtheit, Dynamik in den Kunstwerken von Marc Chagall. Franz Meyer bringt in seiner Biographie »Marc Chagall« (S. 18) ein aufschlußreiches Zitat von B. Aronson: »›Chagalls Dynamik kann in Wirklichkeit eine Dynamik des chassidischen Tanzes genannt werden‹, und sie ist wie dieser Tanz ›kein Ausbrechen, sondern eine Vertiefung ins eigene Innere.‹«

Marc Chagall hat die fünf Bilder zum »Lied der Lieder« seiner lieben Frau gewidmet. Im Saal des Hohenliedes finden wir eine kleine Marmorplatte in die Wand eingelassen, in die mit seinen Schriftzügen die Worte eingemeißelt sind: »A Vava ma femme ma joie et mon allègresse Marc Chagall«, was in deutscher Sprache in etwa wiedergegeben werden könnte mit den Worten: »Für Vava,

Im Saal des Hohenliedes

v. l. I / V / IV

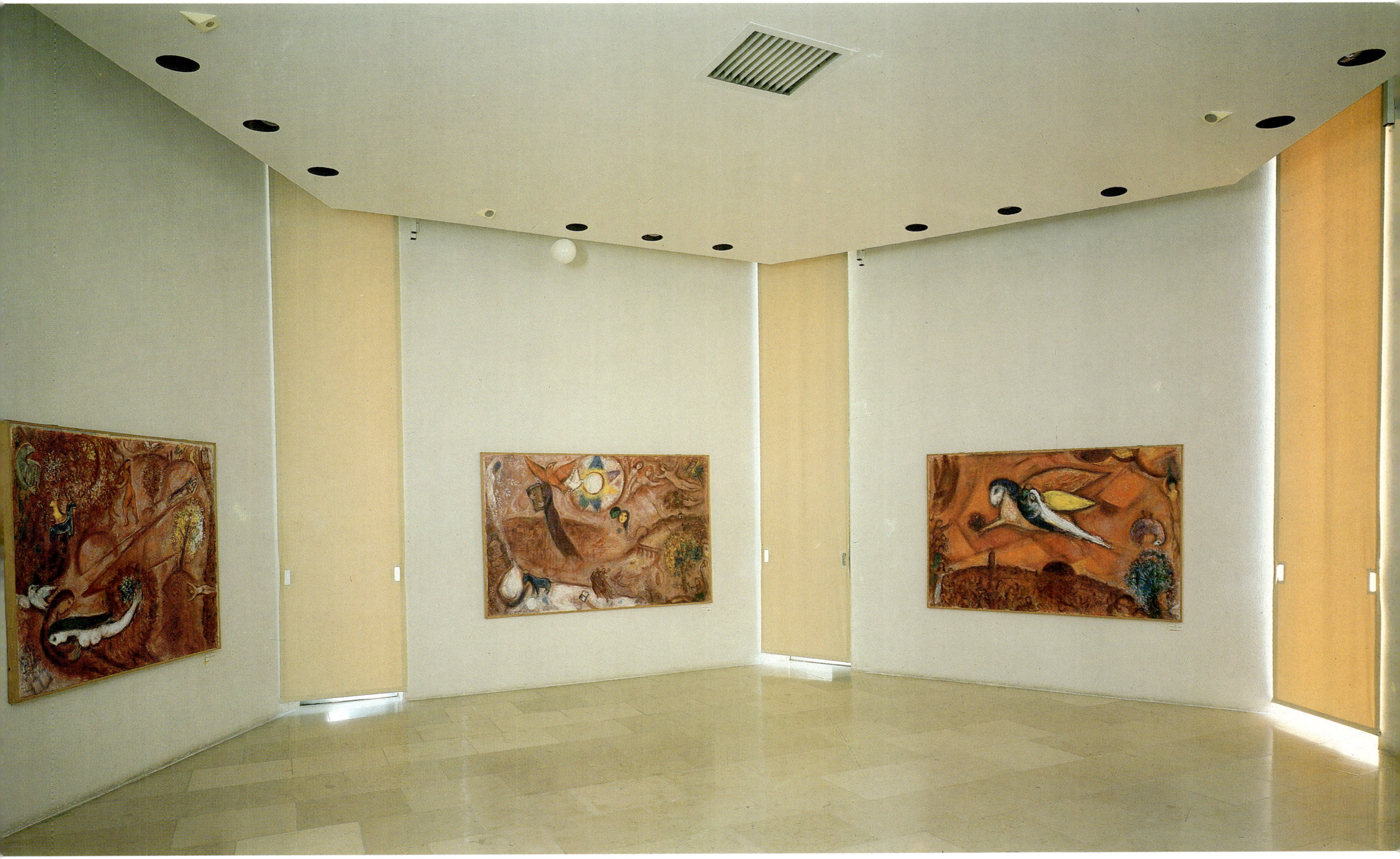

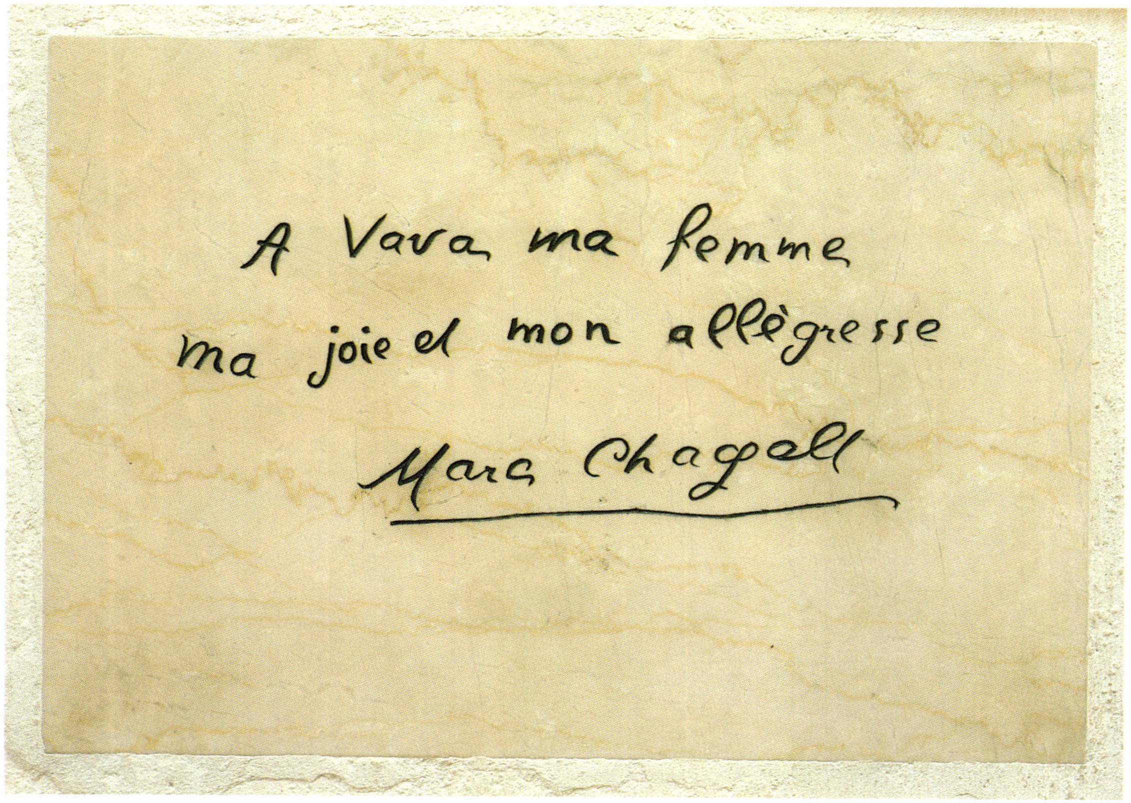

Die Widmungstafel

meine Frau, meine Freude und meine Wonne Marc Chagall«. Diese Widmung ist nicht geradlinig geschrieben, sondern entsprechend dem Hohenlied liedhaft, in notenähnlicher, musikalischer Bewegtheit, in mit Höhen und Tiefen geschriebener Melodie.

Es bleibt nun noch die Frage zu beantworten, wie es zu diesem Buch kam. Letzten Anstoß gab eine kleine Episode anläßlich der Feier des 95. Geburtstages von Marc Chagall am 7. Juli 1982. Als am Tisch auf der Terrasse ein Stuhl neben ihm frei wurde, winkte mich Marc Chagall zu sich und ruhte nicht, bis ich Platz genommen hatte. Der Künstler sprach auf mich ein: »Schreiben Sie noch zu anderen Werken von mir!« Zu seiner Frau Vava, die gegenüber saß und fragend zu uns herüberschaute, sagte ich: »Ihr lieber Mann meint, ich solle noch mehr über seine Werke schreiben«, worauf sie dem lächelnd beipflichtete: »Ja, da hat er recht.« So möchte ich mit diesem Buch in großer Dankbarkeit und herzlicher Liebe dieser Bitte von Marc und Vava Chagall nachkommen.

Aber damit ist die Frage noch nicht beantwortet, warum ich zu diesem Bilderzyklus vom Hohenlied schreibe, das die Liebe von Mann und Frau besingt. Der Grund liegt nahe. Diese Bilder gehören zu den wohl mystischsten und damit für das Verständnis schwierigsten von allen Werken im Musée. Zwar wird der Besucher, ohne daß es einer Erklärung bedarf, von der Atmosphäre dieser Bilder gefangengenommen. Er spürt etwas von der Liebe und Freude, die von diesen Bildern ausgehen. Aber zu tieferem Verstehen reicht das nicht aus. So leicht geben diese enthüllenden und zugleich verhüllenden Bilder ihr Geheimnis nicht preis. Für die Besucher, die ein wenig hilflos vor diesen Bildern stehen und sich tieferen Zugang dazu wünschen, entsinne ich mich einer Dame, die mich im Saal der Bilder zum Hohenlied am 3. Januar 1983 ansprach: »Man müßte eine Erklärung haben.«

Den Versuch dazu wage ich mit diesem Buch. Zur Interpretation dieser Bilder bedarf es zunächst eines gewissen Vertrautseins mit der Bibel. Viele Besucher wissen zuwenig vom Hohenlied, manche wissen vielleicht gar nicht, daß es dieses biblische Buch gibt. Und zugleich bedarf es eines gewissen Vertrautseins mit der großen Kunst von Marc Chagall und seinem Weltbild, das kein anderes als das der Bibel ist. Kunst und biblisches Weltbild haben in Marc Chagall zur Einheit gefunden.

Und da gibt es für mich noch einen Grund, den Beschauern, insbesondere auch jungen Menschen, dieses weithin unbekannte Buch der Bibel mit Hilfe dieser faszinierenden Bilder von Marc Chagall nahezubringen: Wir Menschen fallen nur zu gern von einem Extrem in das andere, so wie das Pendel von der einen Seite zu der anderen ausschlägt. Bald gefallen wir uns in auch heute noch nicht völlig überwundener Leibfeindlichkeit, Tabuisierung unbewältigter Geschlechtlichkeit, wie dies etwa im Puritanismus und Viktorianismus geschah. Die unbiblische Aufspaltung des Menschen in Leib und Seele hat dazu nicht wenig beigetragen. Liebe – Hauptgebot der Bibel – wurde, sobald sie sich ganzmenschlich äußerte, nicht selten verdächtigt. Der Gegenschlag des Pendels blieb nicht aus. Er erfolgte im Sexualismus, der den Bereich des Geschlechtlichen verabsolutiert, damit isoliert und vermaterialisiert. Hier wird das Geistig-geistliche, ja Mystische der Liebe von Mann und Frau nicht mehr gesehen. Das führt zur Verarmung, zu einer verengten Sicht, welche die Liebe ihrer Schönheit, Transparenz und Transzendenz beraubt. Menschliche Liebe ist weit mehr als nur Triebbefriedigung, Lustgewinn. Die »goldene Mitte« fällt uns Menschen schwer. Dabei liegt sie so nahe. Wir finden sie in der Bibel. In ihr sind erotische und sexuelle Liebe eingebettet in die Schöpfung Gottes und damit in die Liebe Gottes. Die Bibel und in ihr das Hohelied öffnen uns befreiend und beglückend den Blick für das Geheimnis menschlicher Liebe, für ihre Transparenz auf den liebenden Gott hin.

Diese Zeilen schreibe ich am 7. Juli 1983 im Saal des Hohenliedes, am Tag des 96. Geburtstages des Künstlers und des 10. Geburtstages des »Nationalmuseums der Biblischen Botschaft Marc Chagall« in Nizza. Mein Dank gilt Marc und Vava Chagall, dem Künstler, der, begleitet von seiner Frau, diesen Zyklus zum Hohenlied so ausdrucksstark geschaffen hat. Dem Musée danke ich, daß es die Möglichkeit gibt, diese Bilder zu schauen, vor ihnen zu verweilen. Vor allem danke ich dem Gott der Liebe, der Marc Chagall das »Lied der Lieder« in Farben der Liebe malen ließ. In diesen Bildern zum Hohenlied strahlt beglückend auf, was es um das Geheimnis menschlicher Liebe ist. In dem Wort der Braut des Hohenliedes von ihrem Bräutigam wird, ihn überschreitend, deutlich, wie Gott zu seinem Abbild, zum Menschen steht: »Sein Zeichen über mir heißt Liebe« (2,4). Und nicht anders ist es mit dem Wort des Bräutigams zu seiner Braut, das, sie übersteigend, von Gott gilt: »Wie schön ist deine Liebe« (4,10).

I ## Leg mich wie ein Siegel auf dein Herz

Marc Chagall mag dieses bildhafte Wort aus dem biblischen, die Liebe von Mann und Frau feiernden »Lied der Lieder« vor Augen gestanden haben: »Leg mich wie ein Siegel auf dein Herz, wie ein Siegel an deinen Arm!« (8,6). So hat er die Braut im Vordergrund von Bild I zum Hohenlied gemalt. Sie ist ganz Sehnsucht, liebendes Verlangen. Und damit beginnt alle Liebe. Es sind die Worte liebenden Verlangens im Hohenlied, die als Bildelemente in dieses erste Bild eingegangen sind.

Die Braut spricht: »Wenn der Tag verweht und die Schatten wachsen, komm, du, mein Geliebter, der Gazelle gleich, dem jungen Hirsch auf den Balsambergen« (2,17). Es ist Abend. Entsprechend finden wir am oberen Bildrand rechts die Mondsichel, die auf den im Abend »verwehenden Tag« hinweist. Ebenso sehen wir die jungen Hirsche – den einen goldgelb, den anderen blau gemalt – in der linken Bildhälfte. An anderer Stelle tut die Braut ihr Liebesverlangen in den Worten kund: »Komm, mein Geliebter, wandern wir auf das Land, schlafen wir in den Dörfern. Früh wollen wir dann zu den Weinbergen gehen und sehen, ob der Weinstock schon treibt, ob die Rebenblüte sich öffnet, ob die Granatbäume blühen. Dort schenke ich dir meine Liebe« (7,12.13). Das mit bunten Blättern waldartig gestaltete Gehege, die linke obere Bildecke füllend, weist auf den Frühling hin. Mit ihm korrespondieren ebenfalls blühende Bäume in der Bildmitte und rechten Bildhälfte, wie auch die Blumen in der Hand der Braut. Alles weist auf die erblühende Natur hin, unweit der Stadt, die

I »Leg mich wie ein Siegel auf dein Herz«
Öl auf Leinwand, H 148; B 172, signiert

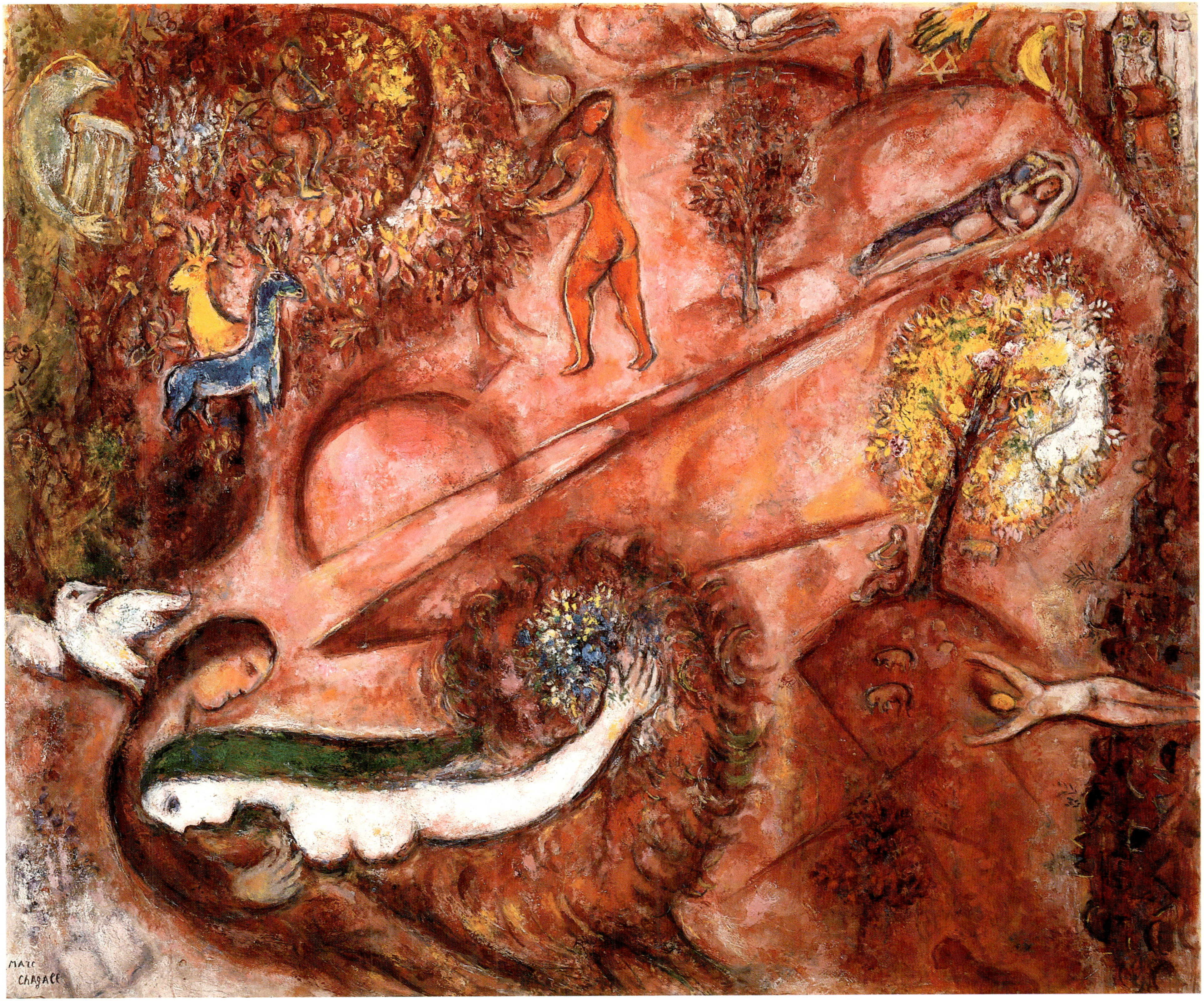
MARC
CHAGALL

sich am rechten Bildrand hinaufzieht. Die Braut bittet alles, selbst Winde und Düfte, mitzuhelfen, daß ihrem liebenden Verlangen Erfüllung wird: »Nordwind, erwache! Südwind herbei! Durchweht meinen Garten, laßt strömen die Balsamdüfte! Mein Geliebter komme in seinen Garten und esse von den köstlichen Früchten« (4,16).

Indes, Liebesverlangen durchbebt nicht nur die Braut, sondern ebenso den Bräutigam. Geneigt über die Braut, die ihm »wie ein Siegel auf dem Herzen liegt«, ist er von ihrem Liebreiz, ihrer Anmut wie benommen. Auch den Bräutigam locken Freundin und Frühling in die blühende Natur: »Der Geliebte spricht zu mir: Steh auf, meine Freundin, meine Schöne, so komm doch! Denn vorbei ist der Winter, verrauscht der Regen. Auf der Flur erscheinen die Blumen, die Zeit zu singen ist da. Die Stimme der Turteltaube ist zu hören in unserem Land. Am Feigenbaum reifen die ersten Früchte, die blühenden Reben duften. Steh auf, meine Freundin, meine Schöne, so komm doch! Meine Taube im Felsennest, versteckt an der Steilwand, dein Gesicht laß mich sehen, deine Stimme hören! Denn süß ist deine Stimme, lieblich dein Gesicht« (2,10–14). Die Taube, farblich korrespondierend mit dem Teint der Braut, sehen wir oberhalb, im Rücken des jungen Mannes.

Der Bräutigam liebt aber nicht nur die blühende Natur, die hier zum Festsaal der Liebe wird, vielmehr wird sie ihm zum Bild für die geliebte Braut: »Ein verschlossener Garten ist meine Schwester Braut, ein verschlossener Garten, ein versiegelter Quell. Ein Lustgarten sprießt aus ihr; Granatbäume und köstliche Früchte, Henadolden, Nardenblüten, Narde, Krokus, Gewürzrohr und Zimt, alle Weihrauchbäume, Myrrhe und Aloe, allerbester Balsam. Die Quelle des Gartens bist du, ein Brunnen lebendigen Wassers, Wasser vom Libanon« (4,12–15). Auch er erwartet voll Sehnsucht den Abend: »Wenn der Tag verweht und die Schatten wachsen, will ich zum Myrrhenberg gehen, zum Weihrauchhügel« (4,6).

Die Braut spürt das Liebesverlangen in ihrem Bräutigam und in sich selbst. Sie weiß um die Wechselwirkung der Liebe: »Ich gehöre meinem Geliebten, und ihn verlangt nach mir« (7,11). Marc Chagall hat in der Braut Frau und Vogel miteinander vereinigt. Damit soll deutlich werden: in ihrem liebenden Verlangen übersteigt die Braut sich selbst, ähnlich einem Vogel, der sich zur Höhe schwingt. Und ebenso führt sie den Bräutigam, ihn faszinierend, über sich hinaus. Im liebenden Verlangen erfahren Braut und Bräutigam sich über das Irdisch-Materielle, Alltägliche in die höhere Wirklichkeit der Liebe hinaufgehoben.

Finden wir das Brautpaar des Hohenliedes im Vordergrund, so ist liebendes Verlangen keineswegs darauf beschränkt. Am rechten Bildrand hochgezogen, erblicken wir Witebsk, die Heimatstadt des Künstlers. Die gleichsam aus der Stadt herauswachsende Frau ist in eindeutig einladender Haltung personifizierte Erwartung. Sie läßt erkennen, daß es gleiches oder ähnliches wie im Hohenlied in vielen Häusern der Stadt gibt. Und da diese Stadt stellvertretend für alle Häuser, alle menschliche Wohnung im Bild ist, wird kundgetan, daß es Liebe von Mann und Frau überall gibt, wo Menschen leben. Das Verlangen zu lieben und geliebt zu werden, Erotik und Sexualität, sind dem Menschen von Gott eingeschaffen: »Als Mann und Frau schuf er sie« (Gen 1,27). Zugleich ist mit der »Heimatstadt« ein innerer Zusammenhang aufgedeckt: Liebe schenkt Beheimatung.

Liebesbedürftigkeit, Liebesverlangen machen deshalb auch nicht halt vor Königsthronen. Wir sehen in der rechten oberen Ecke den Königsthron Salomos, geschmückt mit zwei Löwen, dem Symbol des Stammes Juda. Verwaist steht er da. Der König selbst, nicht weit davon entfernt, umfängt in liebendem Verlangen seine Braut. Zugleich ist dieser Königsthron – er steht für den König selbst – Symbol des Männlichen, die zum Thron hin geöffnete Mondsichel Symbol des Weiblichen.

Die Lieder, die, von Flöte und Harfe begleitet, im Blätterwald und unter dem Blütenbaum erklingen, dürften Liebeslieder sein. Vielleicht will Marc Chagall

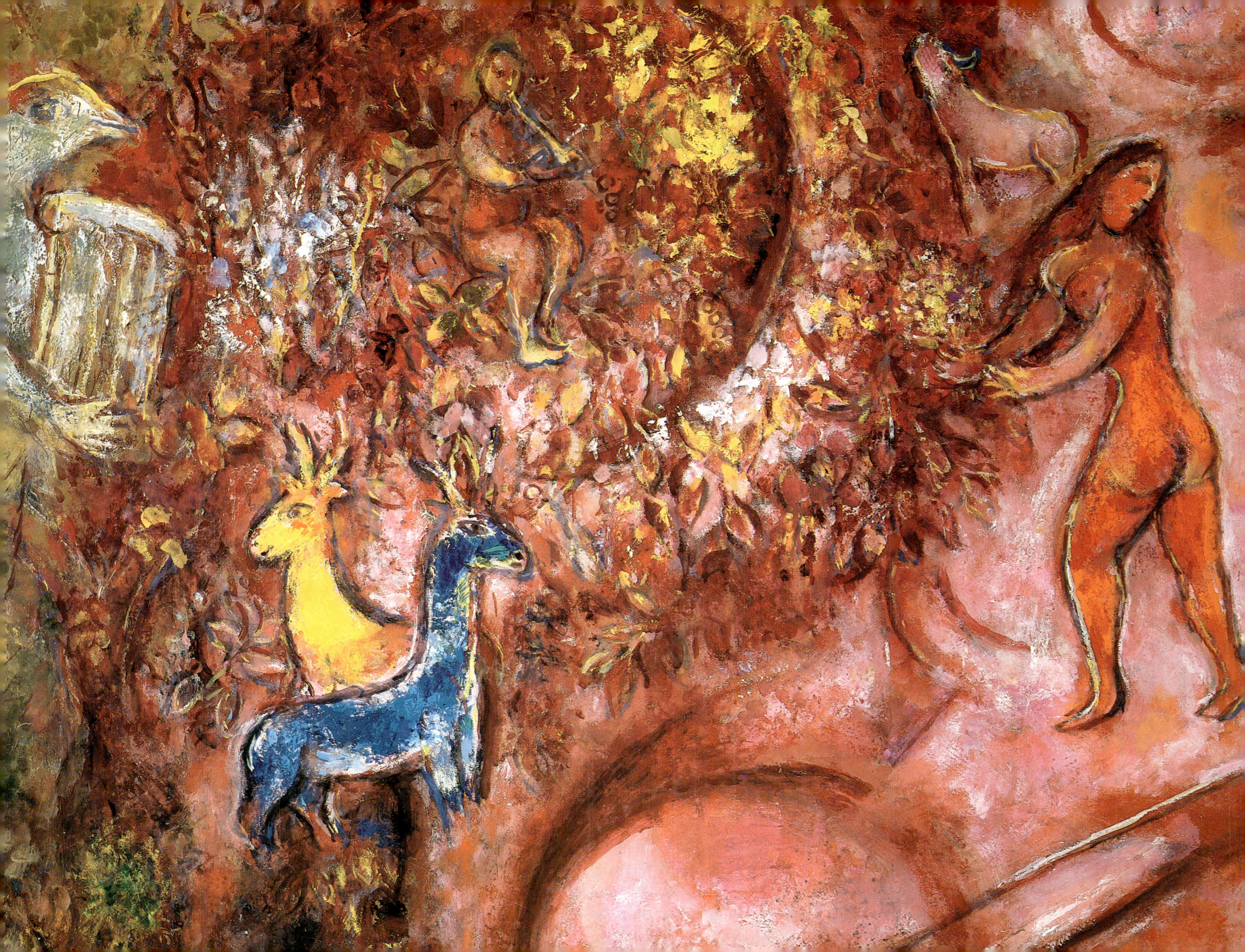

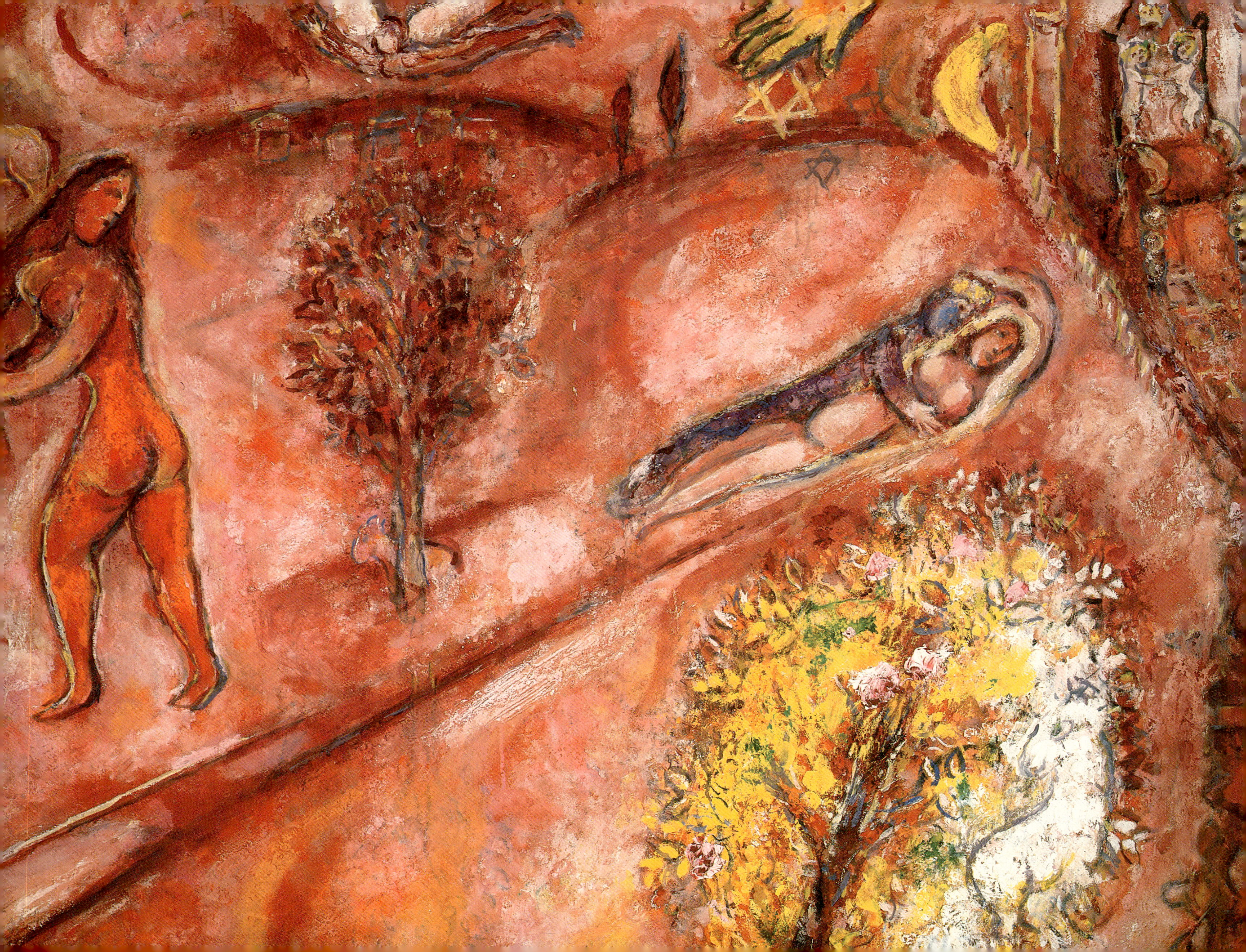

mit dem Vogelkopf, den er dem Harfenisten gab, veranschaulichen, daß es hier um Lieder geht, die besingen, was diese Welt übersteigt. Es geht nicht um irgendein Lied, sondern um das Hohelied der Liebe.

Sehnsüchtiges Verlangen der Geschlechter gibt es nicht nur im menschlichen Bereich. Wir finden es auch in der Tierwelt. Die beiden Hirsche sind aufeinander hingeordnet. Der Taube entspricht farblich das in Weiß gehaltene Tier im blühenden Baum. Beide schauen einander an. Wenn auch diese beiden Tiere nicht Partner sind, weil nicht der gleichen Art zugehörig, so wird gerade dadurch von der konkreten Beziehung abgelenkt und allgemein Gültiges betont. In der Bildmitte oben, am Rand des Geheges, entdecken wir eine wohl brünstige Kuh. Darunter schaut eine Frau, selbst von liebendem Verlangen erfüllt, auf das königliche Liebespaar. Und die blühenden Bäume? Sind Blütenkleid und Blütenduft nicht ihr Hochzeitskleid, das zur Befruchtung einlädt?

Daß es in dem Bild um das Hohelied geht, das nach der Tradition König Salomo zugeschrieben wird, unter seinem Namen veröffentlicht ist, das wird in dem – eigenem Liebesverlangen folgenden – gekrönten König sichtbar. Von dem Brautpaar des Hohenliedes führt in der Gestaltung des Bildgrundes so etwas wie eine Schneise hin zu dem königlichen Liebespaar. Weiterhin finden wir in der linken unteren Bildecke, neben der Signierung, sich kaum vom Bildgrund abhebend, nur ganz zart angedeutet, ein Buch: das Hohelied. Es ist, als schaue die Braut – ihr Kopf liegt auf dem Arm des Bräutigams – auf dieses Buch. In sich erlebt sie jenes sehnsüchtige Verlangen, das im Hohenlied besungen wird.

Die Diagonale, beginnend links unten mit dem Buch, führt über das Brautpaar zu König Salomo und weiter hin zu dem verwaisten Thron in der rechten oberen Bildecke. Die Rottöne des Bildgrundes von wechselnder Farbdichte schaffen jene Atmosphäre der Liebe, die das Hohelied und dementsprechend dieses Bild beseelt. Durch die Strukturierung des Bildgrundes mit weichen, gerundeten Formen wird diese Atmosphäre noch verstärkt.

Sehnsucht nach Liebe, liebendes Verlangen, die Marc Chagall in diesem Bild gemalt hat, weisen über sich hinaus auf den Schöpfer hin, der Ursprung, Fülle und Erfüllung aller Liebe ist und die Liebe seiner Schöpfung eingeschaffen hat: »Darum verläßt der Mann Vater und Mutter und bindet sich an seine Frau, und sie werden ein Fleisch« (Gen 2,24). Diese Transzendenz deutet denn auch der Engel an, der, am oberen Rand des Bildes über diesem Liebesidyll schwebend, Gottes Nähe kündet. Und die Hand Gottes, die nach dem Davidstern – Symbol für sein Volk Israel – greift, läßt erkennen, daß Gott selbst liebendes Verlangen kennt. Im Buch Jesaja lesen wir denn auch von diesem liebenden Verlangen Gottes nach seiner Braut, dem Gottesvolk: »Nicht länger nennt man dich ›die Verlassene‹ und dein Land nicht mehr ›das Ödland‹, sondern man nennt dich ›meine Wonne‹ und dein Land ›die Vermählte‹. Denn der Herr hat an dir seine Freude, und dein Land wird mit ihm vermählt. Wie der Bräutigam sich freut über die Braut, so freut sich Gott über dich« (Jes 62,4.5).
»Gott schuf den Menschen als sein Abbild, als Abbild Gottes schuf er ihn« (Gen 1,27). Zu dieser Gottebenbildlichkeit gehört menschliches Liebesverlangen. Gott liebt und verlangt nach Liebe. Der Mensch, in bräutlichem Verhältnis zu Gott stehend, kann sich durchaus der Worte des Hohenliedes als Gebet bedienen, um dem göttlichen Bräutigam zu sagen: »Ich gehöre meinem Geliebten, und ihn verlangt nach mir« (7,11).

Die Zauberbrille

Wenn ich
durch meine Brille schaute,
erschien die Welt
mir rosarot
und Maienduft
zog durch den Morgen,
die Blumen blühten
und Sonnenlicht
verklärte uns're Erde.
Ich sah kein Elend,
keine Not,
es war so
wie im Märchen.

Doch dann verlor
ich meine Brille —
und keine Krankenkasse
dieser Welt
will mir
Ersatz gewähren.

Horst Borgsmüller

II

Ich schlief, doch mein Herz war wach

Es ist Nacht. Am Himmel steht der Mond in seinem Hof. Die Braut schläft, eingebettet in einen von kleinen und kleinsten Blättern reich belaubten Baum. Hier ist nicht sein Holz zur Ruhestatt verarbeitet, sondern er selbst bietet mit seinem zarten, weichen Laub ein rechtes Traumbett dar. Das vom Künstler fast spielerisch, mit Liebe zu kleinsten Details gestaltete Laubornament läßt den auf ihm ruhenden Leib der Braut um so körperhafter hervortreten. Der Baum, im Erdreich eingewurzelt, erhebt sich, wächst über die Erde hinaus. So wird er zum Bild im Irdischen wurzelnder, überirdischer Wirklichkeit. Der Baum, seinerseits wieder eingebettet in den ihn umschließenden Bildgrund, erscheint wie die Fruchtblase im Innern der Gebärmutter, die das noch ungeborene Kind in der ihm eigenen Welt des Unbewußten, Träumerischen umschließt und beschützt. Damit hat Marc Chagall die Traumwelt gemalt, die das Hohelied besingt.

Menschliches Liebesverlangen bleibt nicht auf den Wachzustand beschränkt. Liebe ergreift den ganzen Menschen und reicht so tief, daß sie ihm auch in die Welt des Traumes folgt. Da Liebe zudem etwas Träumerisches in sich birgt, eine träumerische Komponente hat, verschafft sie sich auch im Traumzustand sehr lebhaft Ausdruck: »Ich schlief, doch mein Herz war wach« (5,2).

Aus der Liebe heraus und mit ihr untrennbar verbunden, wächst die Angst, den Geliebten zu verfehlen, zu verlieren. So wird der Liebestraum zum Angsttraum, Alptraum. Das im Traum »wache Herz« ist illustriert in jenem in flammendem Rot gehaltenen Tiergesicht, das aus dem Laub herausragt. Im Gegensatz zur schlafenden Braut veranschaulicht es offenen Auges und mit gestellten, gespannt horchenden Ohren Wachheit. Liebesträume, die zu Angstträumen werden, finden sich im Hohenlied, und der Künstler geht in seinem zweiten Bild auf diese Träume ein.

Der erste Traum beginnt mit einer Frage der Braut an den Geliebten, die der Bräutigam niemals so beantwortet hätte, wie dies hier im Traum geschieht. Denn die Antwort läßt die Braut im ungewissen. Das bereitet ihr Not: »Du, den meine Seele liebt, sag mir: Wo weidest du die Herde? Wo lagerst du am Mittag? Wozu soll ich erst umherirren bei den Herden deiner Gefährten? – Wenn du das nicht weißt, du schönste der Frauen, dann folge den Spuren der Schafe, dann weide deine Zicklein dort, wo die Hirten lagern« (1,7.8). Wir sehen denn auch am unteren Bildrand Schafe und Zicklein und an den Baum gelehnt die Braut, vor sich hinsinnend. Sie sieht die Tiere und sieht sie doch nicht, denn mit ihren Gedanken, ihrem Herzen ist sie bei dem, den sie so gerne sehen möchte, leider aber nicht sieht.

Aber bei diesem Angsttraum bleibt es nicht. Bald folgt der nächste. Die Traumnot nimmt zu. Die Braut spricht: »Des Nachts auf meinem Lager suchte ich ihn, den meine Seele liebt. Ich suchte ihn und fand ihn nicht. Aufstehen will ich, die Stadt durchstreifen, die Gassen und Plätze, ihn suchen, den meine Seele liebt. Ich suchte ihn und fand ihn nicht. Mich fanden die Wächter bei ihrer Runde durch die Stadt. Habt ihr ihn gesehen, den meine Seele liebt? Kaum war ich an ihnen vorüber, fand ich ihn, den meine Seele liebt« (3,1–4). Das Leid vergeblichen Suchens nach dem Geliebten! Die Braut durcheilt Gassen, Plätze, Straßen, wird von den Wächtern aufgegriffen, die ihr auch nicht weiterhelfen. Endlich findet sie ihn. Marc Chagall hat die Träumende gemalt, und ihr ganz nahe ist der, den sie so ferne wähnt und fieberhaft gesucht hat. Der Kopf des Bräutigams durchbricht das Laubbett unterhalb der Braut, schaut liebend zu ihr auf.

II »Ich schlief, doch mein Herz war wach«
Öl auf Leinwand, H 140; B 164,
signiert und datiert 1957

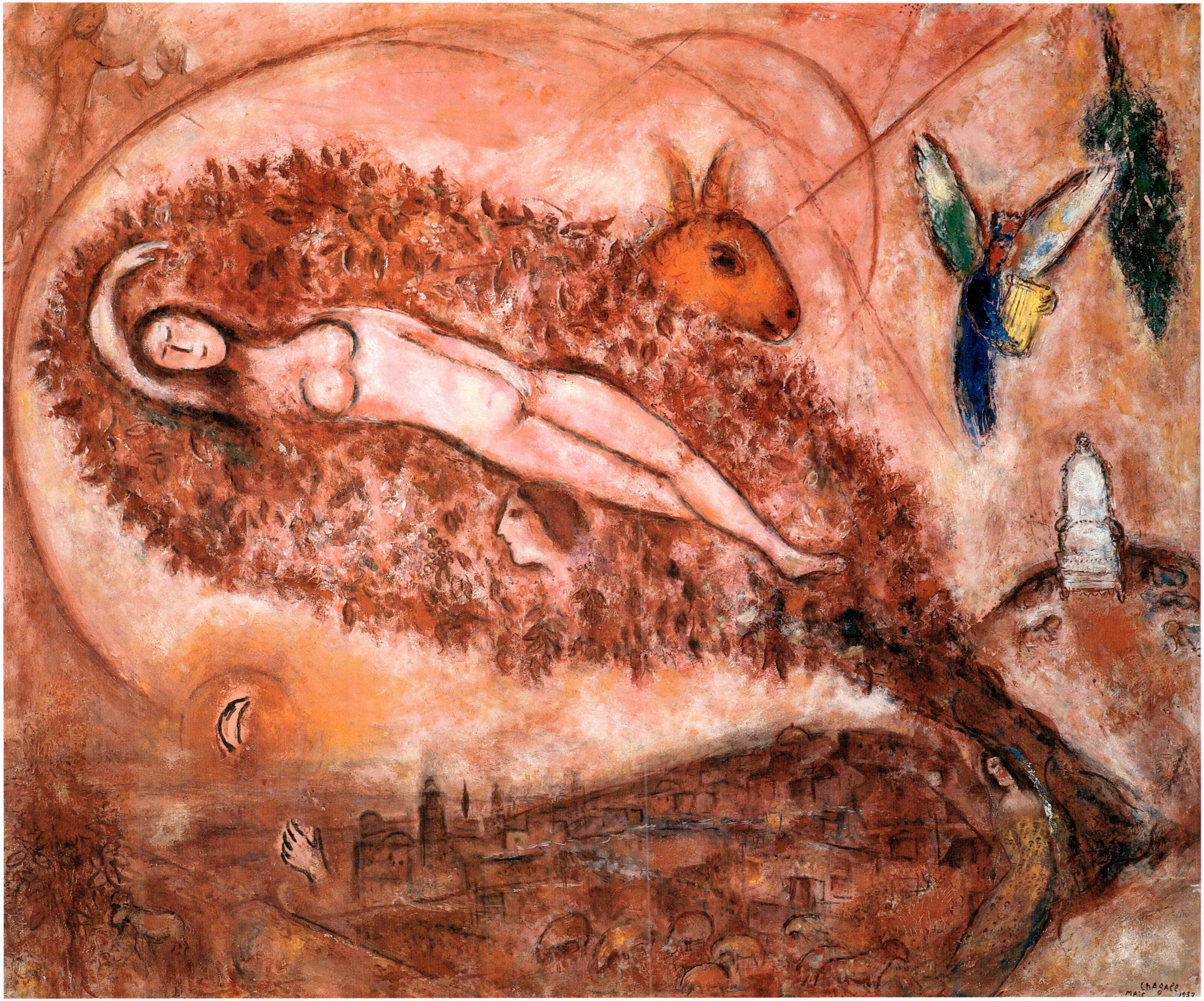
Chagall

Und nochmals erfährt ihr sehnsüchtiges Verlangen im Schlaf beängstigende Steigerung in jenem so anschaulich geschilderten, dritten Alptraum. Der Bräutigam kommt überraschend, aber die Braut ist schon zu Bett, nicht mehr empfangsbereit. Sie zögert: »Ich schlief, doch mein Herz war wach. Horch, mein Geliebter klopft: Mach auf, meine Schwester und Freundin, meine Taube, du Makellose! – Mein Kopf ist voll Tau, aus meinen Locken tropft die Nacht. Ich habe mein Kleid schon abgelegt – wie soll ich es wieder anziehen? Die Füße habe ich gewaschen – soll ich sie wieder beschmutzen?« Da hört sie nicht mehr nur die Stimme des Bräutigams, seine Hand wird sichtbar: »Mein Geliebter streckte die Hand durch die Luke; da bebte mein Herz ihm entgegen.« Alle Bedenken sind wie weggefegt. Die Braut fiebert ihm entgegen: »Ich stand auf, dem Geliebten zu öffnen. Da tropften meine Hände von Myrrhe am Griff des Riegels. Ich öffnete meinem Geliebten.« Und jetzt diese Enttäuschung! Zu lange hat sie gezögert. Zu spät! »Doch der Geliebte war weg, verschwunden. Mir stockte der Atem: Er war weg. Ich suchte ihn, ich fand ihn nicht. Ich rief ihn, er antwortete nicht.« Die Liebe drängt die Braut so sehr, den Geliebten zu suchen, daß nächtliches Ausgehverbot, Polizeistunde, Wegsperren und Dunkel der Nacht sie nicht zurückhalten. Das aber kann nicht gutgehen: »Da fanden mich die Wächter bei ihrer Runde durch die Stadt; sie schlugen, sie verletzten mich. Den Mantel entrissen sie mir, die Wächter der Mauern.« Dennoch, trotz allem Leid, die Sehnsucht nach dem Geliebten bleibt.

Mehr Verständnis als bei den »Wächtern der Mauern« erhofft sie sich von den Frauen der Stadt, die besser wissen, wie es einem von Liebe in Brand gesetzten Mädchenherzen ergeht: »Ich beschwöre euch, Jerusalems Töchter: Wenn ihr meinen Geliebten findet, sagt ihm, ich bin krank vor Liebe.« Das scheint nun selbst diesen übertrieben, zu weit zu gehen: »Was hat dein Geliebter den andern voraus, du schönste der Frauen? Was hat dein Geliebter den andern voraus, daß du so uns beschwörst?« Nun schwärmt die Braut von dem Geliebten, schildert seine Einzigartigkeit, faßt schließlich ihr Loblied auf den Geliebten zusammen in den Worten: »Seine Gestalt ist wie der Libanon, erlesen wie Zedern. Sein Mund ist voll Süße; alles ist Wonne an ihm. Das ist mein Geliebter, ja das ist mein Freund, ihr Töchter Jerusalems.« Solche Liebe verfehlt ihren Eindruck nicht. Die Töchter Jerusalems wollen ihr helfen: »Wohin ist dein Geliebter gegangen, du schönste der Frauen? Wohin wandte sich dein Geliebter? Wir wollen ihn suchen mit dir.« Die Braut weiß keine andere Antwort als jene, daß ihr Bräutigam sicherlich sie, die Braut, ebenso sehnsüchtig sucht, wie sie ihn. Sie vergleicht sich selbst mit einem Garten für den Bräutigam: »In seinen Garten ging mein Geliebter zu den Balsambeeten, um in den Gartengründen zu weiden, um Lilien zu pflücken. Meinem Geliebten gehöre ich, und mir gehört der Geliebte, der in den Lilien weidet« (5,2 – 6,3).

Auch in die Träume des Bräutigams wirkt sein liebendes Verlangen und Suchen nach der Braut hinein. Ist es im Baum die Braut, die vom Bräutigam träumt, so ist die Hand, die aus der Stadt in die Nacht hinausgreift, die Hand des Bräutigams. Denn diese Hand greift nach der Mondsichel, dem Zeichen der Empfänglichkeit, dem Symbol des Weiblichen. Entsprechend den im Lied angesprochenen »Töchtern Jerusalems« ist die Silhouette der Stadt unterhalb des Baumes jene von Jerusalem, wie der Davidsturm und der Felsendom kundtun. Die Töchter Jerusalems dürften in den im Bildgrund der linken oberen Ecke zu sehenden Gestalten zart angedeutet sein.

Wieder ist Salomo im Bild, der gekrönte König, dieses Mal mit der in goldgelbem Farbton gemalten Lyra. Daß der König beflügelt in der Höhe schwebt, ist erneut ein Hinweis des Künstlers darauf, daß dieses Lied ein besonderes, eben das Hohelied ist: ein Lied, das die Liebe von Mann und Frau – Geschenk Gottes, vom Himmel kommend – feiert. Gilt doch von dieser Liebe, was von allem Geschaffenen gesagt ist: »Gott sah alles an, was er gemacht hatte: Es war sehr gut« (Gen 1,31).

Mit der Harfe des Königs korrespondiert das golddurchwirkte Gewand der unter dem Baum an Wurzel und Stamm geschmiegten, vor sich hin sinnenden

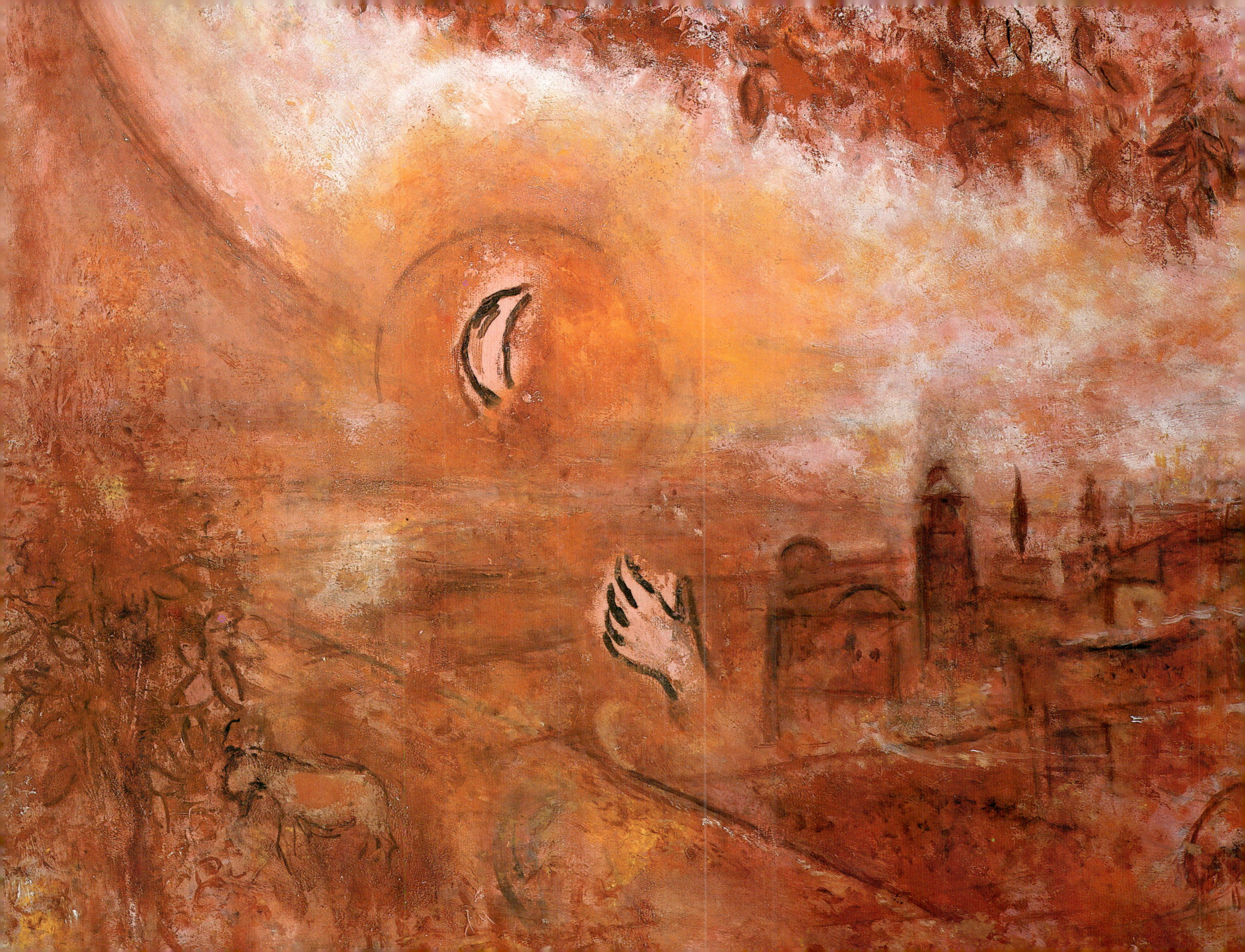

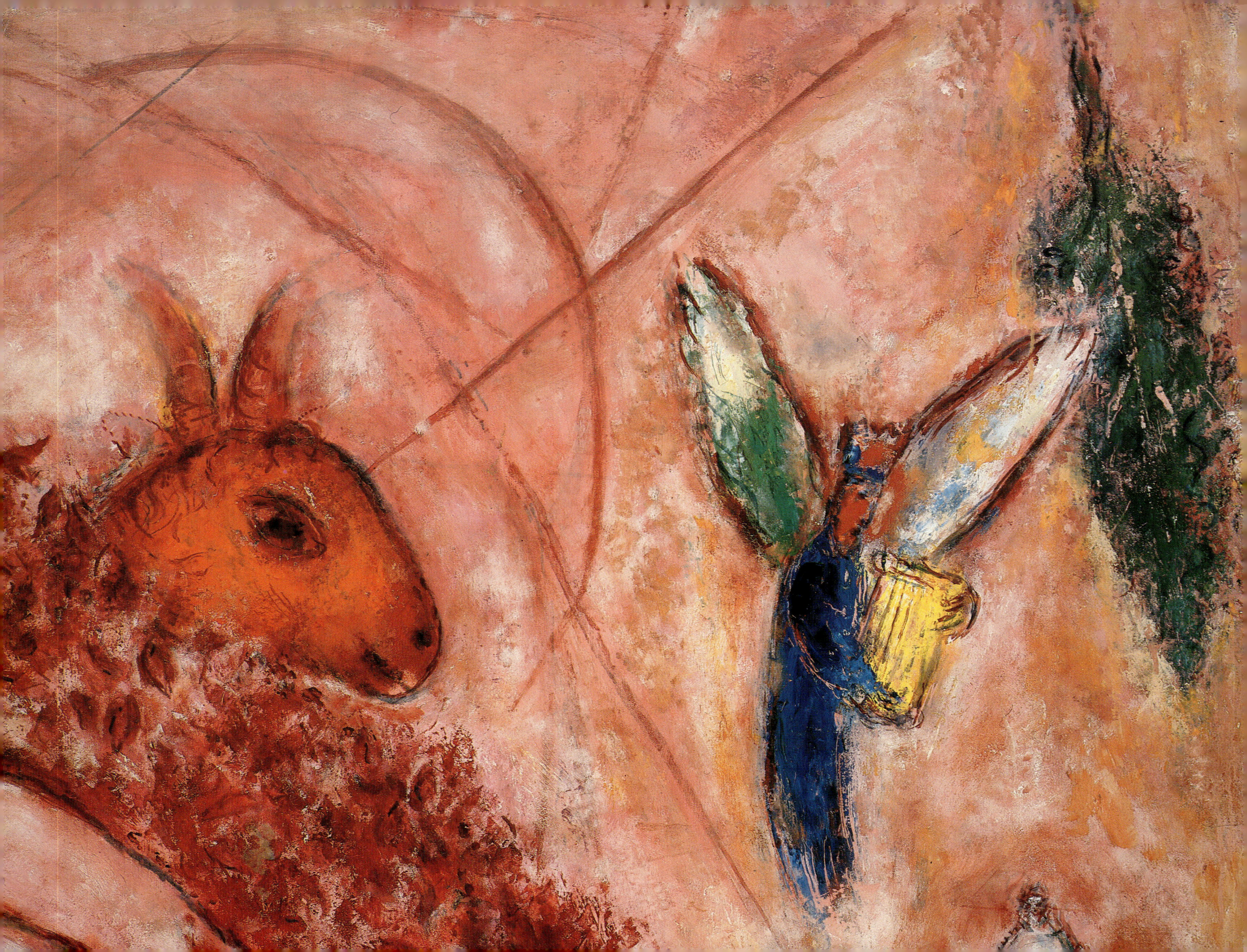

Braut. Der königliche Bräutigam, ihr Freund und Geliebter, kann ihr nicht ständig Liebeslieder singen, nicht ständig bei ihr sein, den Traum der Liebe mit ihr träumen. Er muß zu seinem verwaisten Königsthron zurückkehren, weil die Pflicht ihn ruft. Die »Löwen Judas« kauern schlafend rechts und links davon. Mit dem hohen Thron mag gleichzeitig auch das Königliche, Hocherhabene, die Hoheit der Liebe angesprochen sein. Der in der rechten oberen Bildecke, neben dem König, mit dem Stamm nach oben und dem Wipfel nach unten schwebende Baum verdeutlicht das Ekstatische der Liebe. In der Liebe übersteigt der Mensch sich selbst und die Welt mit ihren Gegebenheiten und Gesetzlichkeiten auf den hin, der die Liebe ist und von dem alle Liebe stammt.

III Am Tag seiner Hochzeit

Liebendem Verlangen, Liebesträumen, die nicht selten zu Angstträumen werden, läßt Marc Chagall die Hochzeit folgen. Braut und Bräutigam, überdimensional groß gemalt, streben vom unteren Bildrand zur Höhe. Warum hat der Künstler das glückliche Paar so groß gemalt? Nicht nur, weil sie im Vordergrund stehen, Hauptpersonen sind im Bild, sondern weil »Hochzeit« ist. Der inneren Hoheit hochzeitlichen Geschehens entspricht die Höhe, Größe in der Darstellung von Braut und Bräutigam im Bild.

Der Hochzeitshimmel, zur jüdischen Hochzeitsfeier gehörend, wird nicht, wie üblich, getragen. Zwei schwebende Gestalten in Blau und Rot senken ihn gleichsam vom Himmel auf das Hochzeitspaar herab. Das hebräische Wort für den Hochzeitshimmel »Huppa« bezeichnete ursprünglich das Brautgemach. Vom Himmel her sich auf das Paar senkend, wird dieser Hochzeitshimmel zum Zeichen, daß liebendes Einswerden im Brautgemach nicht menschliche Erfindung, sondern Geschenk, Schöpfungsgabe Gottes ist. Gottes Liebe leuchtet auch in ehelicher Liebe und Hingabe auf.

Bei diesem dritten Bild hat Marc Chagall der Worte im Hohenlied gedacht: »Ihr Töchter Jerusalems, kommt heraus und schaut, ihr Töchter Zions, König Salomo mit der Krone! Damit hat ihn seine Mutter gekrönt am Tage seiner Hochzeit, an dem Tag seiner Herzensfreude« (3,11). Der Künstler hat den Bräutigam ohne Krone dargestellt, denn Braut und Bräutigam sind mit dem Hochzeitshimmel gekrönt. Aber sein Blick geht über das königliche Brautpaar des

III »Am Tag seiner Hochzeit«
Öl auf Leinwand, H 149; B 210, signiert

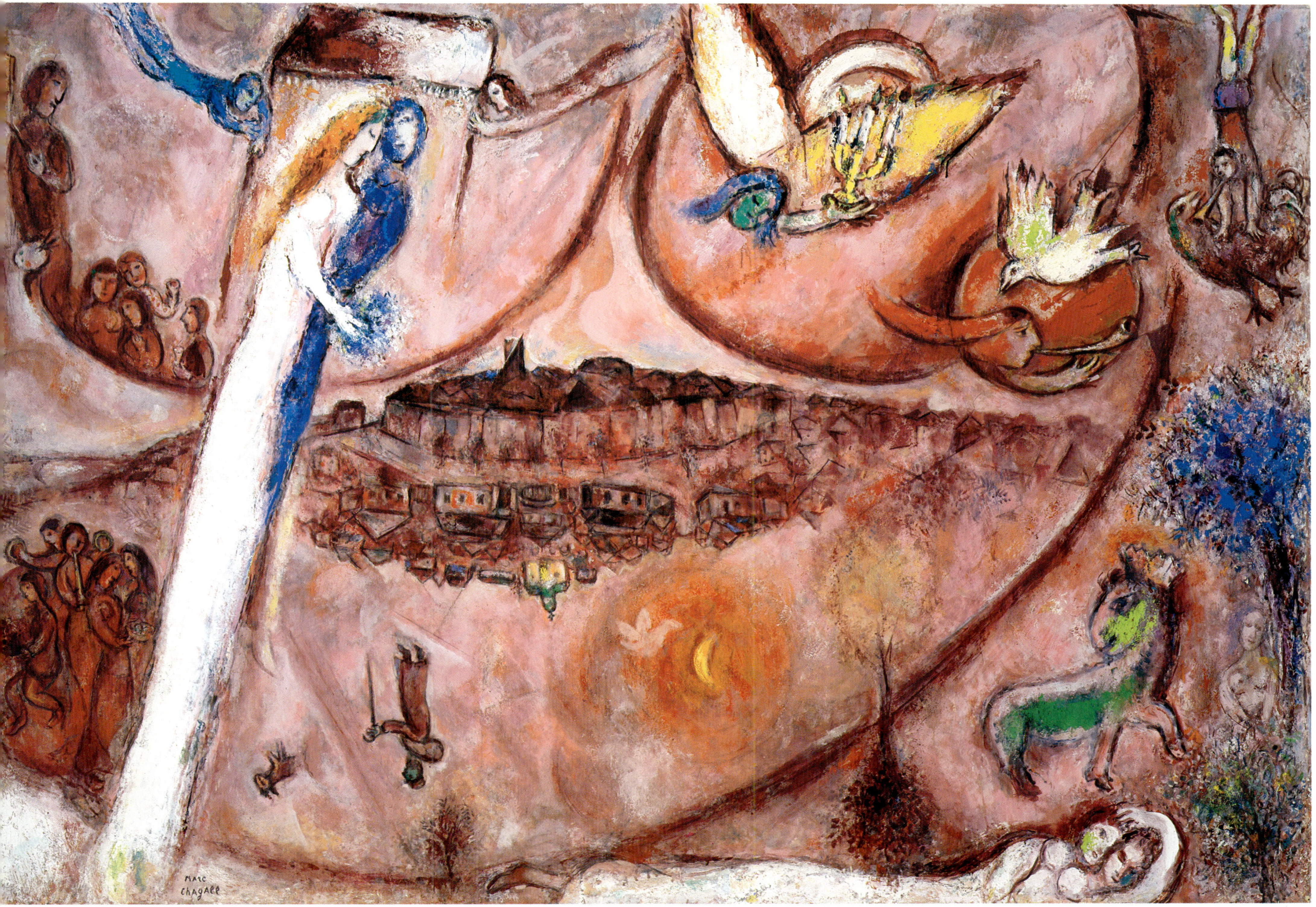
marc
Chagall

Hohenliedes hinaus, steht es doch stellvertretend für alle Brautpaare der Welt. Dennoch, der gekrönte Salomo – und damit wird wieder auf das Hohelied Bezug genommen – begegnet uns rechts unten im Zeichen des gekrönten Tieres, des Löwen Judas, der zurückschaut auf das hochzeitliche Paar.

Die Braut, die Augen geschlossen, überläßt sich ihrem inneren Glück. Der Bräutigam, den Kopf fast an die Stirn der Braut gelegt, blickt gleichzeitig auf sie und in die Ferne, als ahne er etwas von dem Geheimnis, das Hochzeit in sich birgt. Fasziniert von seiner Braut, schwärmt er von ihr in orientalisch-bildhafter Sprache: »Wie schön sind deine Schritte in den Sandalen, du Edelgeborene! Deiner Hüften Rund ist wie Geschmeide, gefertigt von Künstlerhand. Dein Schoß ist ein rundes Becken, Würzwein mangle ihm nicht. Dein Leib ist ein weißer Hügel, mit Lilien umstellt. Deine Brüste sind wie zwei Kitzlein, wie die Zwillinge einer Gazelle. Dein Hals ist ein Turm aus Elfenbein. Deine Augen sind wie die Teiche zu Heschbon beim Tor von Bat-Rabbim. Deine Nase ist wie der Libanonturm, der gegen Damaskus schaut. Dein Haupt gleicht oben dem Karmel; wie Purpur sind deine Haare« (7,2–6). Diesen Versen aus dem Hohenlied entsprechend hat Marc Chagall die Bildfläche mit den weiblichen Formen der Brüste und des Schoßes räumlich gegliedert.

Die »Töchter Jerusalems« mit Flöten, Becken, Hochzeitsgeschenken und auch ein junger Mann mit Blumen folgen im Hochzeitszug.

In der Bildmitte finden wir, auf dem Kopf stehend, nach unten, Witebsk, die Heimatstadt von Marc Chagall mit der für das Stadtbild charakteristischen russisch-orthodoxen Kirche, umlagert von vielen kleinen Häusern. Wurde das Hohelied in ferner Zeit gedichtet, so tritt mit Witebsk nicht so weit zurückliegende Vergangenheit ins Bild. Trotz großem zeitlichen und räumlichen Abstand zum Hohenlied und seinem Entstehungsland ist Hochzeit immer und überall hohe Zeit geblieben. Der über Witebsk schwebende – und deshalb mit dem Kopf nach unten gemalte – jüdische Wanderrabbi zeigt ähnlich dem Hochzeitshimmel oben an, daß Vermählung nicht nur erdhafte Gegebenheit,

Verbindung von Mann und Frau, gemeinsames Durchwandern des Lebensweges ist, sondern zugleich geheimnisvolle Verbindung von Himmlischem und Irdischem, Abbild des Liebesbundes Gottes mit uns Menschen.

Während Witebsk – der liebenden Erinnerung anheimgegebene Vergangenheit – nach unten schaut, steht unmittelbar darauf St. Paul de Vence, von noch erhaltener Stadtmauer umgeben, überragt von seinem mittelalterlichen Turm. Diese Stadt, heutiger Wohnort des Künstlers, ist Symbol der Gegenwart, in der das Hohelied von gleicher Aktualität ist wie in vergangenen Zeiten.

Die beiden aufeinanderstehenden Städte hat der Künstler zur Einheit verschmolzen. Sie sind Zeichen der nahtlosen Verbindung von Vergangenheit und Gegenwart und – in Zusammenschau mit den anderen Bildelementen dieses Gemäldes – der Zweieinheit der Ehe, die durch die Hochzeit begründet wird. Weitere Hinweise auf Polarität, die Quelle der Fruchtbarkeit des Lebens, finden sich in der Zuordnung des russischen jüdischen Wanderers und der Eselin sowie in dem Vogel, Symbol des Männlichen, und der Mondsichel, Symbol des Weiblichen.

Ist in den genannten Bildelementen mehr die Polarität angesprochen, so die Zweieinheit in dem Doppelbaum, der in goldgelber Blütenpracht nach oben und in rotblauem Blütenkleid nach unten wachsend zu einem Baum verbunden ist. Mit diesem Doppelbaum, der in dem oberen noch innerhalb der Rundung steht, im unteren diese unterschritten hat, gewinnt der Künstler den Übergang zur Bildecke rechts unten. Das Brautpaar unter dem Hochzeitshimmel ist dort gleichsam umgelegt, liegt inmitten einer Blütenpracht. Hier dürfte sich Marc Chagall jenes Wechselgespräches im Hohenlied erinnert haben: »Mein Geliebter ruht wie ein Beutel mit Myrrhe an meiner Brust. Eine Hennablüte ist mein Geliebter mir aus den Weinbergen von En-Gedi. – Schön bist du, meine Freundin, ja, du bist schön. Zwei Tauben sind deine Augen. – Schön bist du, mein Geliebter, verlockend. Frisches Grün ist unser Lager. Zedern sind die Balken unseres Hauses, Zypressen die Wände. Seine Linke liegt unter meinem

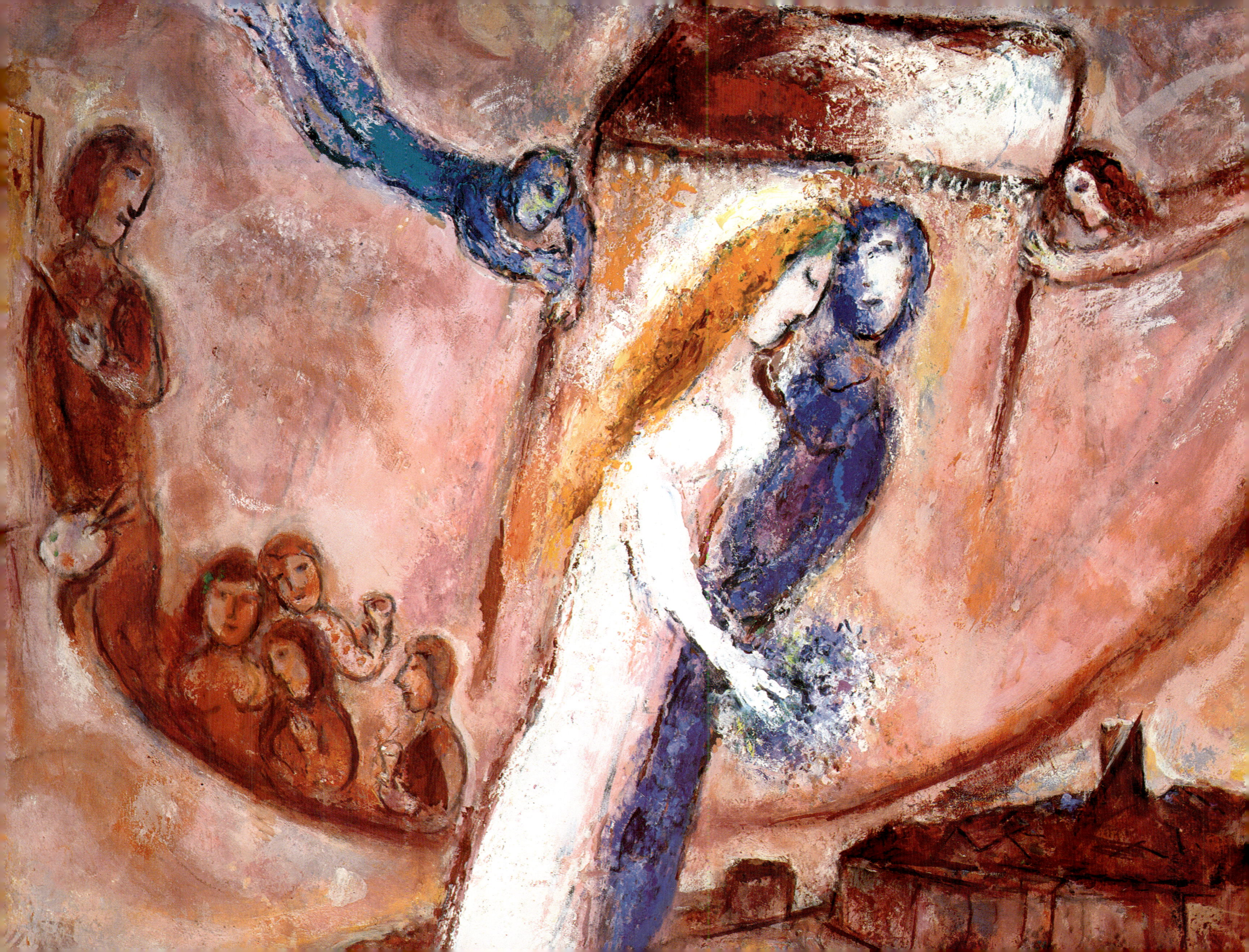

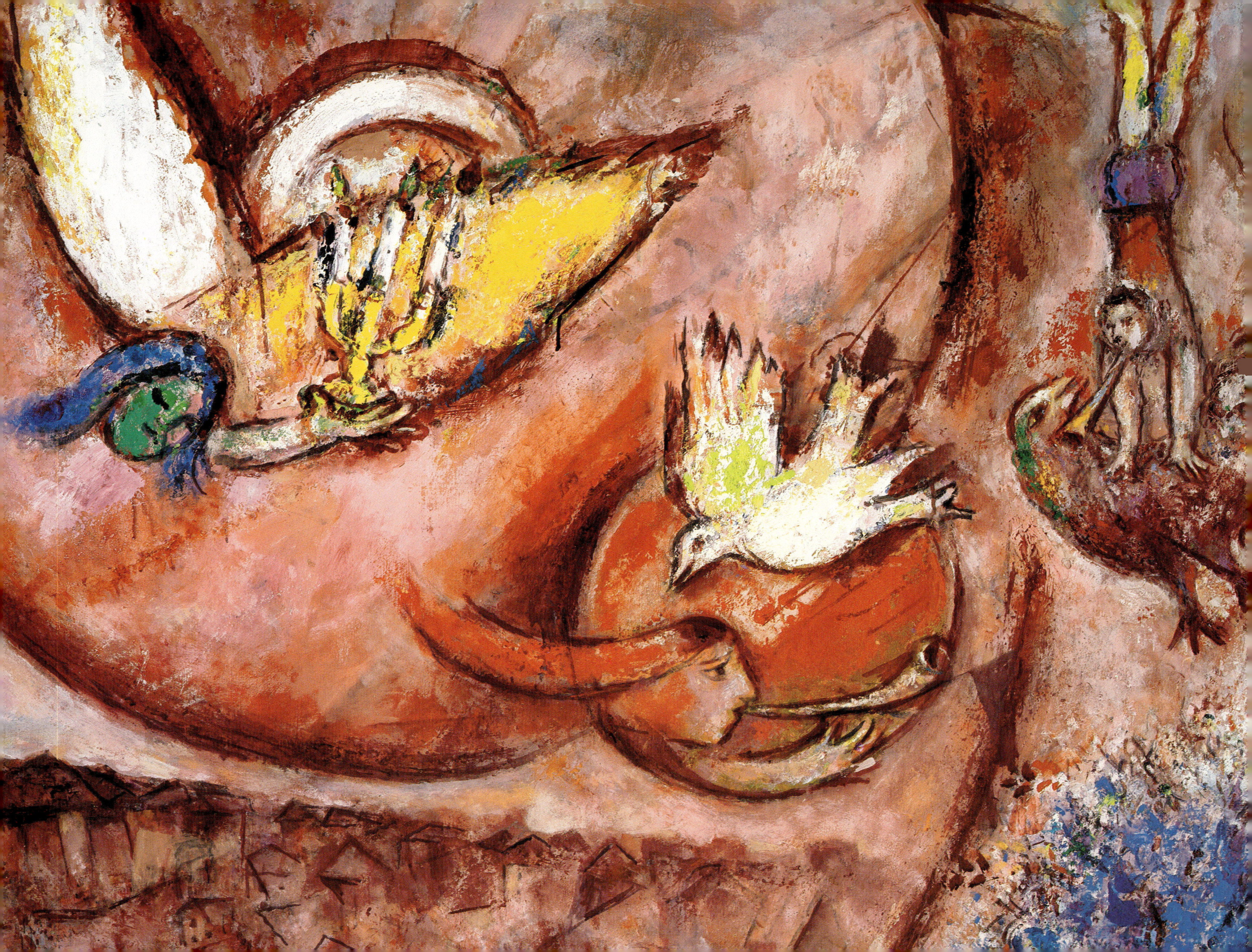

Kopf, seine Rechte umfängt mich. Bei den Gazellen und Hirschen auf der Flur beschwöre ich euch, Jerusalems Töchter: Stört die Liebe nicht auf, weckt sie nicht, bis es ihr selbst gefällt« (1,13–17; 2,6.7). Auch Salomo im Zeichen des gutmütig dreinschauenden Löwen schaut nicht nur bewundernd auf das hochzeitliche Paar, vielmehr bewegt er sich sehr zielstrebig auf seine von blühenden Bäumen umschlossene Braut hin.

In der rechten oberen Ecke ist das Ekstatische des liebenden Einswerdens illustriert. Ein Vogel fliegt mit angelegten Flügeln. Von der Erde abgehoben, über dem Baum schwebend, übersteigt er sie. Verstärkt wird dieses Ekstatische durch den Artisten, der auf dem fliegenden Vogel einen Handstand vollführt und mit seinem Mund zugleich noch eine Trompete hält und bläst. Selbst der Vogel, zu ihm aufschauend, scheint von so viel Geschicklichkeit sichtlich beeindruckt. Auch in der Artistik versucht der Mensch eigene Grenzen hinauszuschieben, zu übersteigen.

Klingt schon ein Transzendieren weltlicher Wirklichkeit in Akrobat und Vogel, dem schwebenden Rabbi, dem sich herabsenkenden Hochzeitshimmel und anderen Bildelementen an, so wird diese in der oberen rechten Kreisform ganz deutlich ins Bild gebracht. Ein Engel bringt einen Leuchter mit brennenden Kerzen, der nicht nur die Festlichkeit der Hochzeit betont, sondern – zumal vom Engel gebracht – Symbol für Gottes Nähe, Gottes Segen ist. Der Engel kommt aus dem göttlichen Bereich, wie seine von Licht durchstrahlten Flügel dartun. Oberhalb schaut die Sonne ein wenig hervor. Auch sie ist nicht nur kosmische Lichtquelle, sondern zugleich Zeichen für die Liebe Gottes, die sich über die Schöpfung ergießt. Der Grünton im Gesicht des Engels kehrt wieder in dem Löwen, dem Stammeszeichen von Juda, dem Salomo und der verheißene Messias entstammen; weiterhin in Dach und Kuppel des Gotteshauses in Witebsk, im Gesicht des Rabbi und auch andeutungsweise in dem stehenden und liegenden Brautpaar. In alldem begegnen uns Geheimnisse des geheimnisvollen Gottes.

Ein zweiter, der Kreisform fast spiralähnlich entwachsender und dadurch sehr dynamisch wirkender Engel bläst den Schofar, das Widderhorn, biblisch-liturgisches Blasinstrument des jüdischen Gottesdienstes. Bei Marc Chagall ist der Schofar Symbol für Schalom: Gottes Segen, Frieden und Heil. Auch im Eheglück strahlt etwas von Schalom in die Schöpfung hinein. Der Vogel über dem Kopf des Engels in goldgelbem, mit etwas grün gemischtem Farbton gemalt, weist ebenfalls auf die geistig-geistliche, mystische Wirklichkeit hin, die sich hinter dem Vordergründigen von Vermählung und Ehe verbirgt.
In der linken oberen Bildecke, im Rücken des Hochzeitspaares, sehen wir den Künstler selbst, die Palette in der rechten Hand. Mit dem Pinsel in der Linken deutet er auf das von ihm gemalte Bild. Wie alle seine Bilder, so entstammt auch dieses Hochzeitsbild seiner inneren Schau. Und es ist, als versuche der Künstler jenen, die zu Füßen der Staffelei stehen, seine zum Bild gewordene Schau zu deuten. Ein mystisches, traumhaft schönes Hochzeitsbild, in dem irdische und himmlische Wirklichkeit sich vermählen!

IV

Zieh mich her hinter dir! Laß uns eilen!

Bildelemente, die der Liebe Gottes in bräutlicher und ehelicher Liebe Sichtbarkeit verleihen, finden wir in jedem der fünf Bilder von Marc Chagall zum Hohenlied. Dennoch erfährt die Transparenz auf Gott hin im Zyklus der Bilder eine Steigerung. Das wird in diesem vierten Bild sehr deutlich. Wieder spielt sich das Geschehen vor und mehr noch über der Silhouette von Jerusalem ab, wie an Davidsturm und Felsendom erkennbar ist. Die strukturelle Behandlung des Bildgrundes, verbunden mit ständig wechselnder Farbdichte, läßt das geflügelte Pferd sich vom Bildgrund abheben und frei durch die Lüfte schweben. Das Flügelroß, Pegasus, in der griechischen Antike Symbol auch für die Dichtkunst, ist Hinweis, daß das Hohelied Dichtung, biblische Poesie ist. Aber das geflügelte Pferd birgt noch viel mehr an Aussage in sich.

Transzendenz wird schon sichtbar in zwei Gestalten, die eine am rechten, die andere am linken Bildrand. Rechts sieht man eine schwebende Frau, die sich am eigenen Schopf aus dem Bereich des Irdischen in den des Überirdischen hochzieht. Dieses Bestreben des Menschen, über sich hinausgehoben zu werden, zu transzendieren, wird verstärkt durch den neben ihr mit dem Kopf nach unten und den Füßen nach oben, zugleich noch mit angelegten, nicht ausgespannten Flügeln fliegenden Vogel. All das spricht von einer höheren, besseren und schöneren Welt mit ihr eigenen Möglichkeiten und Gesetzmäßigkeiten: der Welt der Liebe. Links oben finden wir in gegenläufiger Bewegung einen vom Himmel herabfliegenden, den Schofar blasenden Schalom verkündenden

Engel. Mit diesen beiden Randfiguren, rechts aufsteigend und links herabsteigend, ist sehr ausdrucksstark die Verbundenheit von irdischer und himmlischer Wirklichkeit kundgetan. Hier herrscht reger Austausch. Beide Bereiche durchdringen sich gegenseitig, weil es nur eine Welt Gottes gibt. Aber durch diese eine Welt Gottes geht ein Riß, durch die Sünde des Menschen verursacht. So bedarf sie im irdischen Bereich – ihrer ursprünglichen Harmonie verlustig – der Heilung, Erlösung, Vollendung.

Die Liebenden am rechten unteren Bildrand, unterhalb des in Blau- und Grüntönen gemalten blütenschweren Baumes, erleben, einander hingegeben, ihre Liebe. Die Worte der Braut, mit denen das Hohelied Salomos beginnt, sind hier gemalt: »Mit Küssen seines Mundes bedeckte er mich. Süßer als Wein ist deine Liebe« (1,2). Das Liebesglück, das sich ihrer bemächtigt hat, beflügelt den Wunsch, fern von anderen Menschen in liebender Zweisamkeit allein zu sein: »Zieh mich her hinter dir! Laß uns eilen!« (1,4). Dieser Wunsch der Braut steht zu Anfang des Hohenliedes. Mit inhaltlich gleichem Wunsch der Braut schließt das Hohelied: »Fort, fort, mein Geliebter, der Gazelle gleich, dem jungen Hirsch auf den Balsambergen!« (8,14). Aber auch hier geht es keineswegs nur um den Wunsch der Braut. Etwa in der Mitte des Hohenliedes bittet der Bräutigam nicht weniger inständig: »Komm doch mit mir, meine Braut, vom Libanon, weg vom Libanon komm du mit mir! Weg vom Gipfel des Amana, von den Höhen des Senir und Hermon; weg von den Lagern der Löwen, den Bergen der Panther« (4,8).

Das königliche Brautpaar im Bild hat das Flügelroß bestiegen, wird von ihm getragen. Auch im Hohenlied ist von einer Trage die Rede, die sich freilich viel langsamer und schwerfälliger bewegt: »Siehe da, das ist Salomos Sänfte; ... einen Tragsessel ließ König Salomo zimmern aus Holz vom Libanon, die Pfosten in Silber, die Lehne in Gold, den Sitz in Purpur, das Innere mit Steinen belegt« (3,7.9.10). An die Stelle der Sänfte ist das geflügelte Pferd getreten. Es entführt nicht sosehr in die Ferne als in die Höhe. Damit wird deutlich, daß es dem

IV »Zieh mich her hinter dir! Laß uns eilen«
Öl auf Leinwand, H 145; B 211,
signiert und datiert 1958

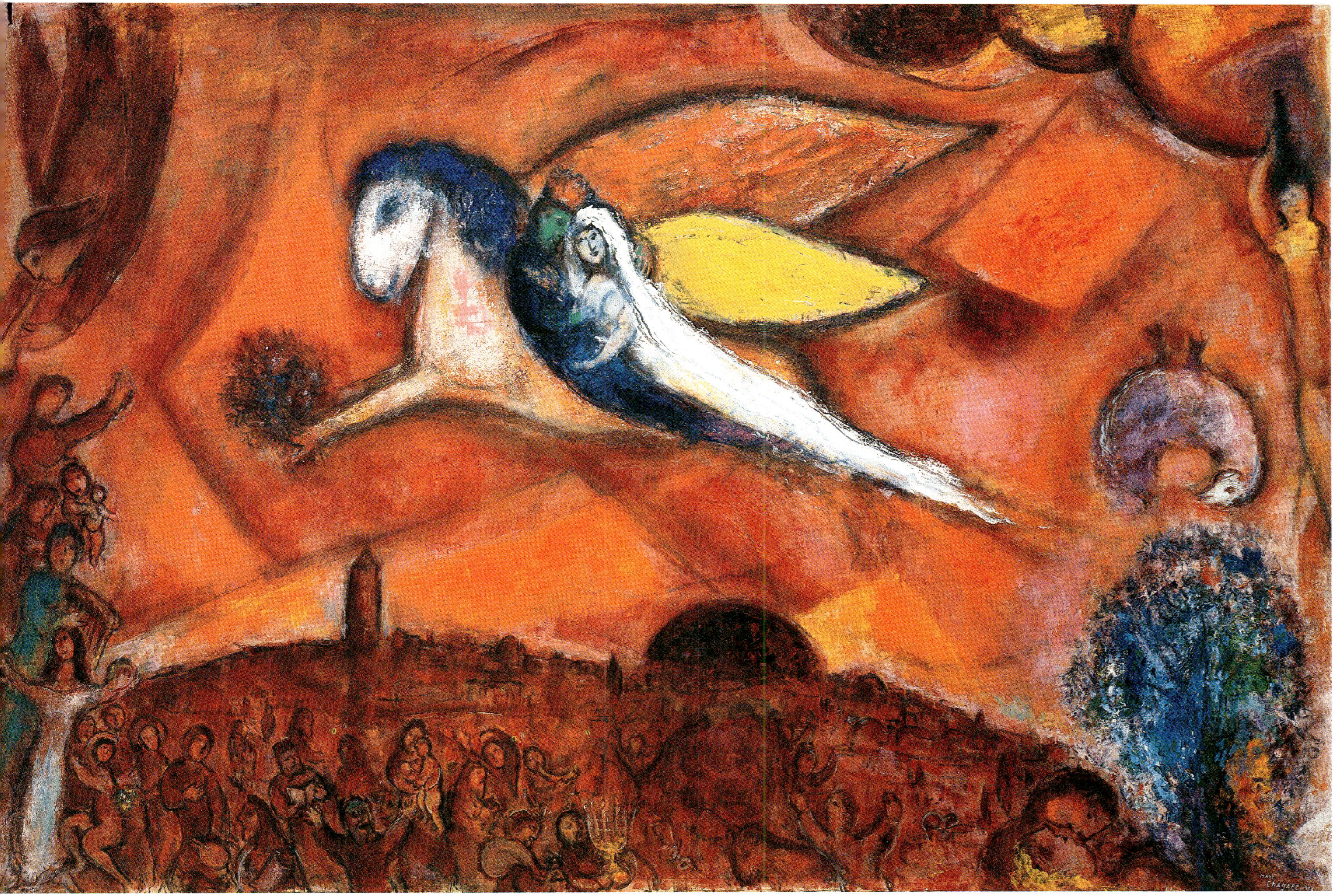

Brautpaar nicht nur um Alleinsein, fern von Menschen, geht, sondern auch darum, Gott näher zu sein. Deshalb wird das Paar von dem geflügelten Pferd emporgetragen. Damit ist zum Ausdruck gebracht: Echte Liebe führt nicht von Gott weg, sondern zu Gott hin. Während der rote Grundton im Erdbereich des Bildes mehr von Schwarztönen durchsetzt ist, fliegt das Pferd in immer leuchtenderes, gelbdurchsetztes, flammiges Rot hinein, das im Schofar des Engels und am oberen Bildrand in Goldgelb übergeht.
In der Art, wie Marc Chagall in diesem Bild das Hohelied interpretiert, ist Wichtiges zum Verständnis des »Liedes der Lieder« gesagt. Das Hohelied läuft nicht neben der Bibel her, sondern ist ein Buch der Bibel, in sie eingebettet. Die Sicht der Bibel von Liebe und Ehe ist in das Hohelied eingegangen. Liebe und Ehe sind im Geheimnis Gottes begründet, von der Liebe Gottes durchwaltet. Ergreifend klingt das in dem Gebet der Brautnacht im Buch Tobit auf: »Als Tobias und Sara in der Kammer allein waren, erhob sich Tobias vom Lager und sagte: Steh auf, Schwester, wir wollen beten, damit der Herr Erbarmen mit uns hat. Und er begann zu beten: Sei gepriesen, Gott unserer Väter; gepriesen sei dein heiliger und ruhmreicher Name in alle Ewigkeit. Die Himmel und alle deine Geschöpfe müssen dich preisen. Du hast Adam erschaffen und hast ihm Eva zur Frau gegeben, damit sie ihm hilft und ihn ergänzt. Von ihnen stammen alle Menschen ab. Du sagtest: Es ist nicht gut, daß der Mensch allein ist; wir wollen für ihn einen Menschen machen, der ihm hilft und zu ihm paßt. Darum, Herr, nehme ich diese meine Schwester auch nicht aus reiner Lust zur Frau, sondern aus wahrer Liebe. Hab Erbarmen mit mir, und laß mich gemeinsam mit ihr ein hohes Alter erreichen! Und Sara sagte zusammen mit ihm: Amen. Und beide schliefen die Nacht über miteinander« (Tob 8,4–9). Dieses Einbezogensein menschlicher Liebe in das Geheimnis der Schöpfung und ihres Schöpfers muß nicht ausgesprochen werden, um wirksam zu sein; und so ist das in dem Hohenlied.
Der König ruht auf Rücken und Hals des Pferdes wie auf einem Sofa. Die

Braut mit fließendem Brautschleier und Gewand liegt, ihn umfassend, auf ihm. Das erinnert an die Worte im Hohenlied: »Ich packte ihn, ließ ihn nicht mehr los ...« (3,4). Der König schaut auf seine Braut, findet sie bezaubernd: »Verzaubert hast du mich, meine Schwester Braut; ja verzaubert mit einem Blick deiner Augen, mit einer Perle deiner Halskette. Wie schön ist deine Liebe, meine Schwester Braut; wieviel süßer ist deine Liebe als Wein, der Duft deiner Salben köstlicher als alle Balsamdüfte. Von deinen Lippen, Braut, tropft Honig; Milch und Honig ist unter deiner Zunge. Der Duft deiner Kleider ist wie des Libanon Duft. Ein verschlossener Garten ist meine Schwester Braut, ein verschlossener Garten, ein versiegelter Quell« (4,9–12). Der Blick der Braut geht in die Ferne. Vielleicht erfüllt sie, worum der Bräutigam nach Worten der Bewunderung sie bittet: »Schön wie Tirza bist du, meine Freundin, lieblich wie Jerusalem, prächtig wie Himmelsbilder. Wende deine Augen von mir, denn sie verwirren mich« (6,4.5).

Die Zweieinheit ist farblich aufgenommen in der Zweifarbigkeit des Pferdes, mit rötlichem Leib und violettfarbener Mähne; ebenso in seinen Flügeln, der eine rot, der andere goldgelb gemalt; weiterhin in der weißgekleideten Braut und dem König mit seinem, den Farbton der Mähne des Pferdes in abgewandeltem Blau-Violett aufnehmenden Gewand. Weil Hochzeit so etwas ist wie Zeit der Blüte, dürfen Blumen nicht fehlen. Zwischen den Vorderhufen trägt das Flügelpferd dem Paar das Brautbouquet voraus.

In diesem Bild erscheinen inmitten der Personen auf der Erde zwei Mütter; jede trägt ihr Kind auf dem Arm, sind doch Kinder in der Sicht der Bibel die Verkörperung der Liebe ihrer Eltern. Eheliche Liebe und Kinder sind in der Bibel so selbstverständlich miteinander verbunden, daß das nicht eigens betont werden muß. Kinder sind Reichtum und Segen. Kinderlosigkeit wird als großes Leid empfunden. Auch im Hohenlied ist das Geheimnis der Mutterschaft mehrfach angesprochen. So träumt die Braut vor der Heirat davon, den Bräutigam in das Haus ihrer Mutter zu bringen, »in die Kammer derer, die mich ge-

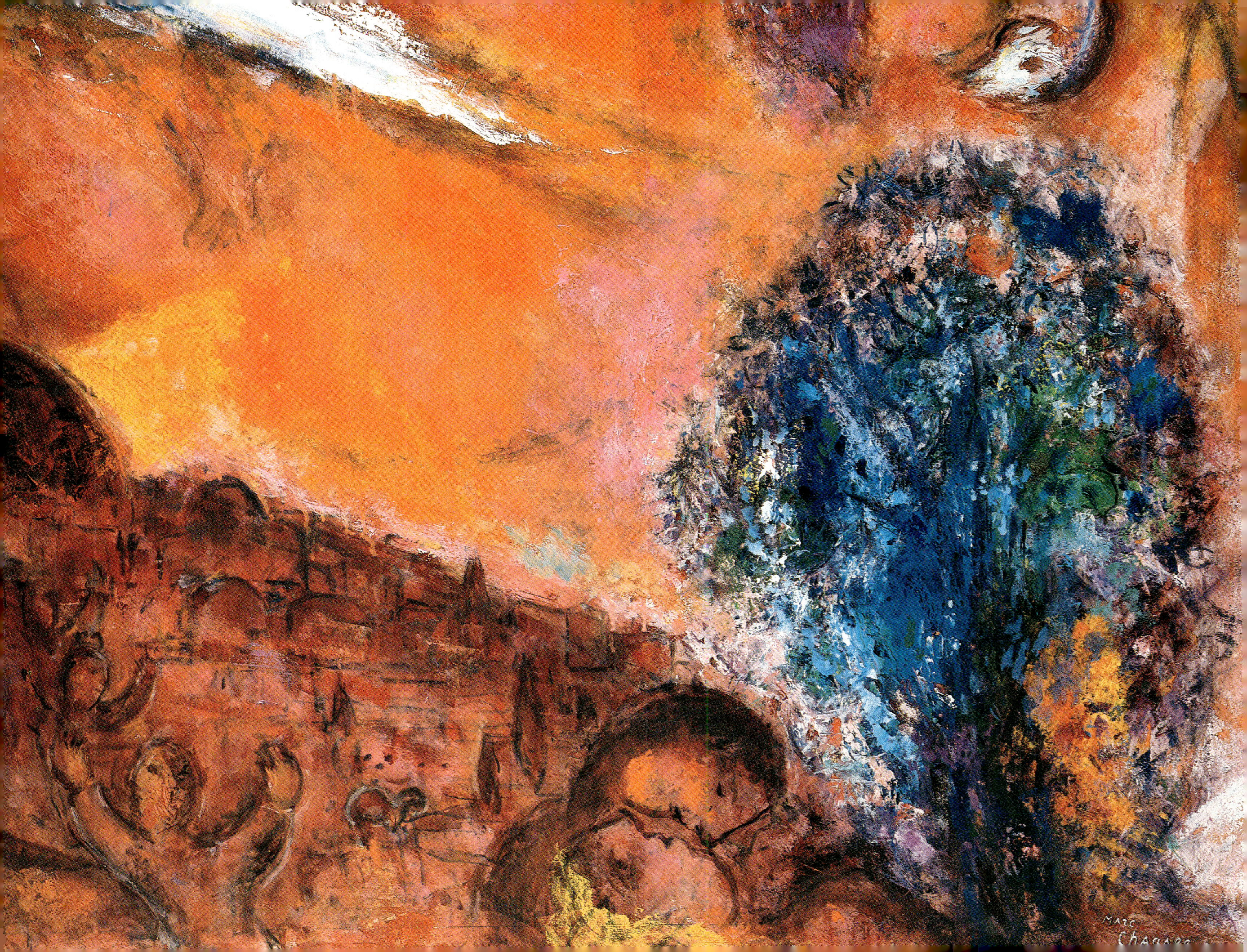

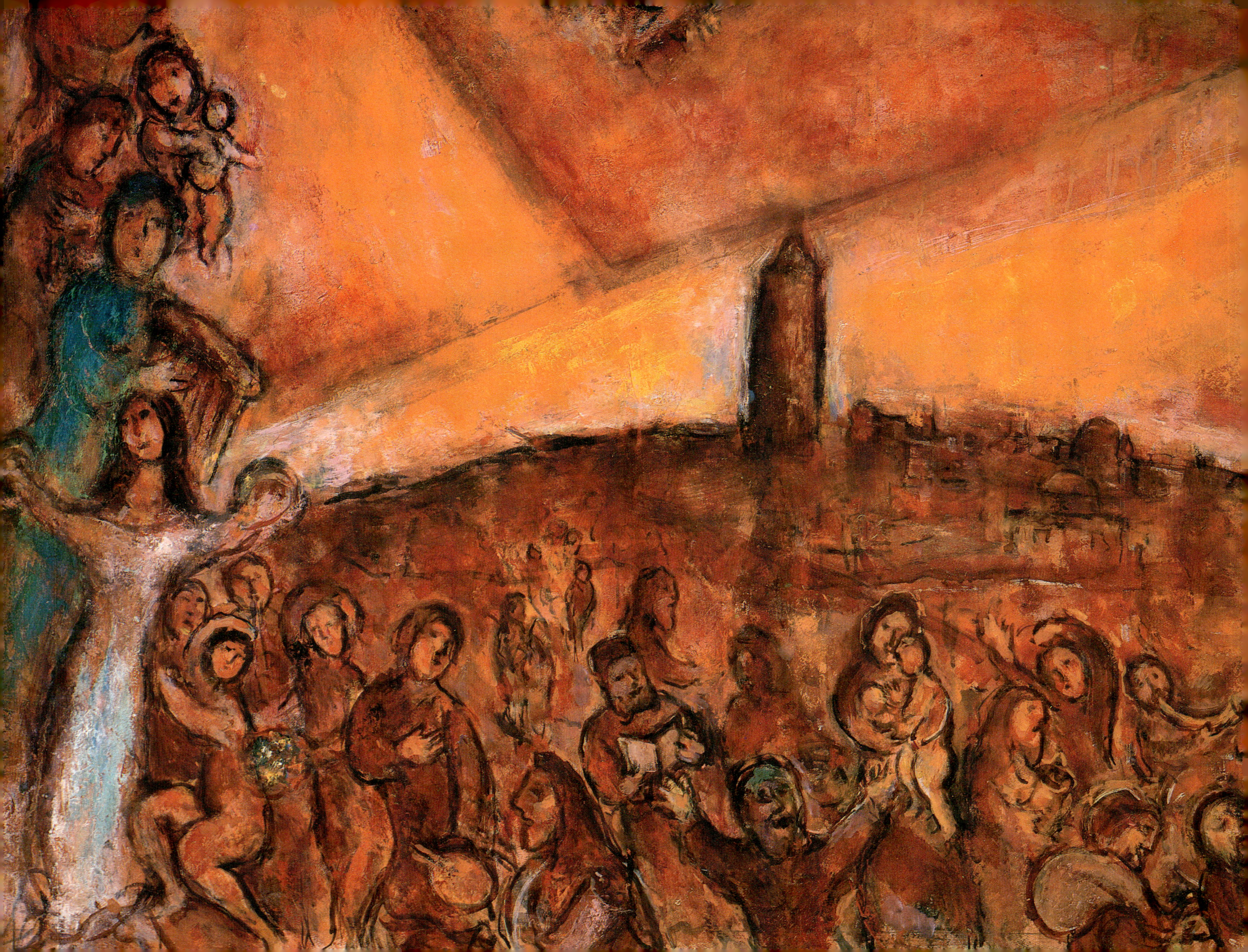

boren hat« (3,4). Und ein anderes Mal wünscht sie, weil ihr die Sitte Zurückhaltung auferlegt: »Ach, wärest du doch mein Bruder, genährt an der Brust meiner Mutter. Träfe ich dich dann draußen, ich würde dich küssen, niemand dürfte mich deshalb verachten« (8,1).

Was tun die Menschen auf der Erde? Sie freuen sich mit dem über ihnen in den Abendhimmel fliegenden Brautpaar, lebt doch in ihnen gleiche Glückssehnsucht. Sie winken ihm zu, singen, begleitet von Harfe und Becken, das Hohelied der Liebe.

Jedoch geschieht hier offensichtlich mehr. Die Menschen auf der Erde besingen nicht nur die Liebe von Mann und Frau. Ihr Lobpreis gilt mehr noch dem, der die Menschen als Mann und Frau geschaffen und einander zugedacht hat. Das wird deutlich in der Gestik der zum Himmel erhobenen Arme und in dem Mann, der einen Leuchter mit brennenden Kerzen trägt. Wir sehen zwei Männer, von denen jeder eine Schriftrolle im Arm trägt. Ein anderer bläst den Schofar, und ein weiterer liest in einem Buch der Bibel, wohl dem Hohenlied. So finden wir wichtige Kultgegenstände des jüdischen Gottesdienstes in dieses Bild aufgenommen. Auch der russische, jüdische Wanderrabbi mit dem Sack auf der Schulter fehlt nicht. Mitten unter den von Liebe ekstatisch erfaßten, Gott lobenden und ihm dankenden Menschen erblicken wir den Künstler selbst mit seiner Palette. Die Geste seiner rechten Hand dürfte als Einladung zu verstehen sein, das Bild zu betrachten, in sich aufzunehmen. Er selbst ist zutiefst fasziniert von dem »Lied der Lieder« und seiner Transparenz. Und er muß davon fasziniert sein. Wie hätte er sonst so mystische, faszinierende Bilder zum Hohenlied malen können! Das alles aber geschieht, überwölbt von dem glutroten Abendhimmel, angesichts der untergehenden Sonne, die hinter den Hügeln von Jerusalem versinkt.

V

Wie schön bist du und wie reizend, du Liebe voller Wonnen

Hintergrund dieses Bildes ist Witebsk, der Geburtsort des Künstlers. Hier finden wir die Stadt nicht am rechten Rand hochgezogen wie in Bild I noch auf dem Kopf stehend wie in Bild III. Die Silhouette von Witebsk erstreckt sich über das ganze Bild. Deutlich erkennbar ist die Brücke über die Düna, die beide Stadtteile, durch den Strom getrennt, miteinander verbindet.
Die strömenden Wasser der Düna haben es dem Künstler angetan, denn auch sie, zumal eingetaucht in den glutroten Bildgrund, erzählen von Liebe und lassen an die so beeindruckenden Verse im Hohenlied denken: »Stark wie der Tod ist die Liebe... Ihre Gluten sind Feuergluten, gewaltige Flammen. Auch mächtige Wasser können die Liebe nicht löschen, auch Ströme schwemmen sie nicht weg« (8,6.7).
Es ist, als sei ein zarter Hochzeitsschleier über das Bild gebreitet. Mehrere Brautpaare erscheinen denn auch im Bild. Am rechten unteren Bildrand wandelt ein Brautpaar eng umschlungen unter einem in vielen Farben erblühenden Baum. Der Brautschleier fällt über beide. Ein anderes Brautpaar steht weiter entfernt zur Düna hin. In der rechten oberen Bildecke liegt ein Liebespaar in einem in gleicher Farbenpracht gemalten Baum. Diese Paare korrespondieren mit jenem Brautpaar am linken Bildrand, das schon von seiner Größe her alle anderen überragt: Braut und Bräutigam des Hohenliedes.
Die Braut am linken Bildrand, ganz zart, wie dünner Rauch aufsteigend, in einem durch Zweige und Blätterwerk noch in seiner Duftigkeit gesteigerten

V

»Wie schön bist du und wie reizend, du Liebe voller Wonnen«
Öl auf Leinwand, H 150; B 266, signiert

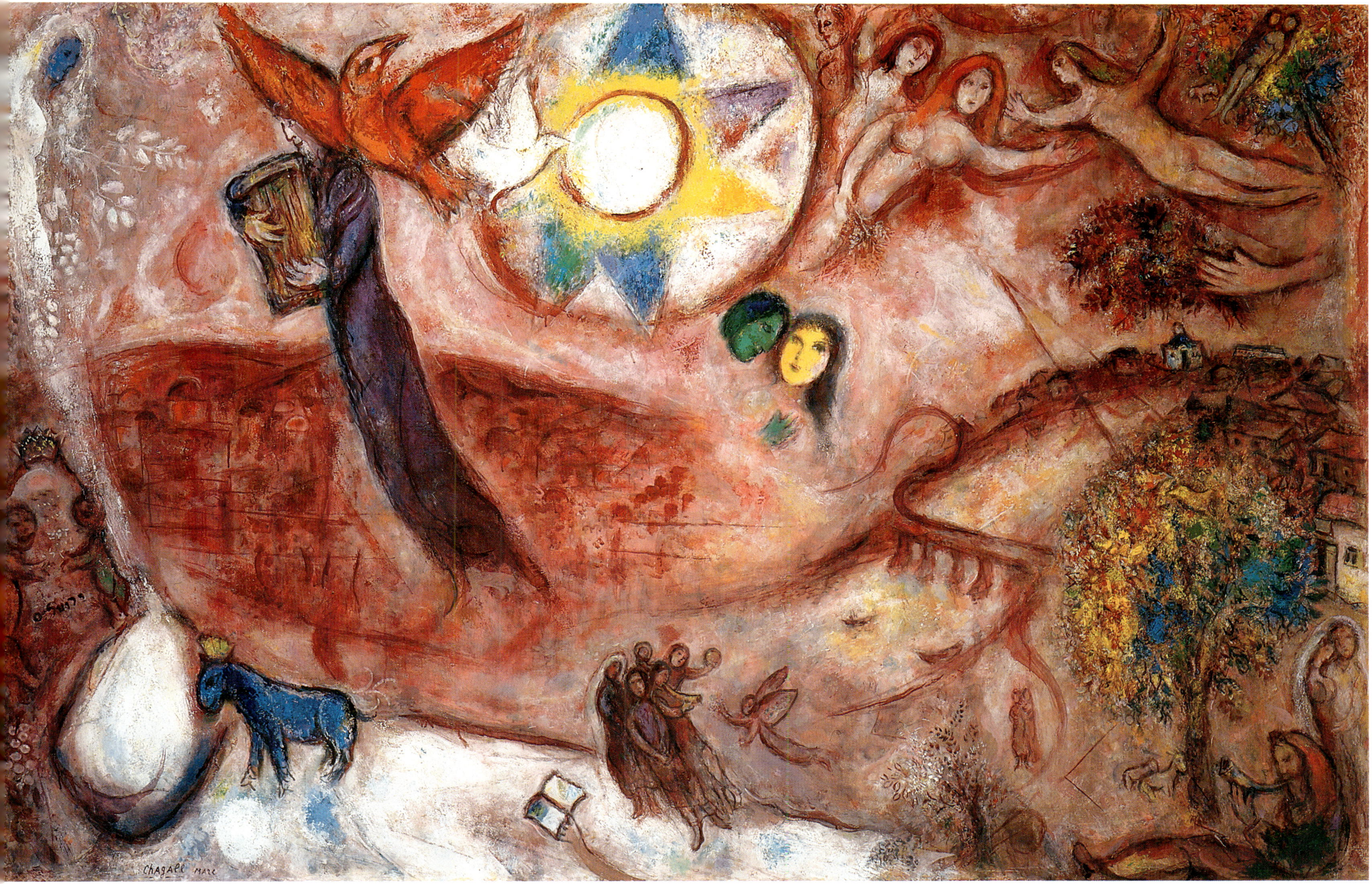
Chagall Marc

Brautkleid, erinnert an den Vers im Hohenlied: »Wer ist sie, die aus der Steppe heraufsteigt, in Säulen von Rauch, umwölkt von Myrrhe und Weihrauch, von allen Wohlgerüchen der Händler?« (3,6). Dieses Bildwort begegnet uns abgewandelt noch ein zweites Mal im Lied: »Wer ist, die da erscheint wie das Morgenrot, wie der Mond so schön, strahlend weiß wie die Sonne, prächtig wie Himmelsbilder?« (6,10).

Von der anderen Seite des Flusses her schwebt auf die Braut ihr Bräutigam zu: Salomo. Er spielt auf einer Lyra und singt, selbst erhöht, ein Liebeslied, wohl dem Hohenlied entnommen, das seinen Namen trägt. Vielleicht sind es die Verse: »Schön bist du, meine Freundin, ja du bist schön. Hinter dem Schleier deine Augen wie Tauben... Alles an dir ist schön, meine Freundin; kein Makel haftet dir an... « (4,1.7). Am oberen Bildrand schaut, mit wenigen Strichen angedeutet, gleichsam aus dem Verborgenen, ein männliches Gesicht, vermutlich der Künstler selbst, bewundernd auf die Braut herab. Im Vordergrund, am unteren Bildrand, ist der Königsthron dem königlichen Bett gewichen. Das Oberteil, einem Toraschrein ähnlich gestaltet, ist mit einer Krone geschmückt, die von zwei Löwen, dem Stammeszeichen von Juda, flankiert wird. Dazwischen hat Marc Chagall in hebräischen Schriftzeichen das Wort »Jeruschalajim« geschrieben. Dort steht das königliche Bett. Mit ihm, der Beschriftung, den Löwen und der Krone hat der Künstler Jerusalem ins Bild geholt: Schauplatz des Hohenliedes, wie die im Lied mehrmals genannten »Töchter Jerusalems« bezeugen. An das Oberteil gelehnt, steht ein Kissen, und das leere, weißbezogene Bett erstreckt sich weit ins Bild.

Das Gesicht von König Salomo ist bis auf Augen, Nase, Mund verdeckt. Ebenso die Krone, die er vielleicht gar nicht aufgesetzt hat, auf der Bettstatt liegen ließ, denn Liebe übertrifft selbst Kronen an Wert und Herrlichkeit, wie das Hohelied kundtut: »Böte einer für die Liebe den ganzen Reichtum seines Hauses, nur verachten würde man ihn« (8,7).

Der König ist angesichts der Braut, ihrer Anmut und der Schönheit ihrer Liebe

– »Wie schön ist deine Liebe, meine Schwester Braut« (4,10) – so fasziniert, daß ihm auch sein königliches Traumbett nicht Ruhe schenken kann. Dennoch steht die Liebe, die er besingt, in innerem Zusammenhang mit diesem königlichen Traumbett zu seinen Füßen. Deshalb hat er in Vertretung einen gekrönten Löwen auf dem Bett zurückgelassen. Ähnlich dem Gesicht der Braut ist das Tier in Blau gehalten. Sein Kopf ist an des Königs weiches Kopfkissen geschmiegt.

Das königliche Bett ist verwaist, denn jetzt ist nicht Zeit zu schlafen, sondern zum Lobpreis der Liebe. Vom unteren Rand her ragt ein Arm ins Bild, dessen Hand, mehr darbietend als haltend, auf ein Buch hinweist, das nicht so sehr auf dem Bett zu liegen, sondern erhöht über ihm zu schweben scheint: das Hohelied.

Die Liebe zu besingen, dazu haben sich auf dem Bett ein Brautpaar – die Braut vom Schleier umflossen –, sowie zwei Musikanten mit Schofar und Becken eingefunden. Und weil Gott an Liebe Freude hat, fliegt ein Engel herbei mit Blumen in der Hand.

Unweit von dem Baum mit seiner von buntem Blütenmeer umwobenen Krone in der rechten unteren Bildecke hat sich ein frommer jüdischer Mann niedergelassen. Dem Gotteslob hingegeben, verkündet er, den Schofar blasend, Schalom: Gottes Segen, Frieden und Heil. Seine Stirn ist mit der Tefillin, einer Gebetskapsel geschmückt. In ihr sind, auf Pergament geschrieben, besonders wichtige, biblische Texte aufbewahrt zur ständigen Vergegenwärtigung. Sie beginnen mit Deuteronomium 6,4–9: »Höre Israel! Jahwe, unser Gott, Jahwe ist einzig. Darum sollst du den Herrn, deinen Gott, lieben mit ganzem Herzen, mit ganzer Seele und mit ganzer Kraft. Diese Worte, auf die ich dich heute verpflichte, sollen auf deinem Herzen geschrieben stehen. Du sollst sie deinen Söhnen wiederholen. Du sollst von ihnen reden, wenn du zu Hause bist und wenn du auf der Straße gehst, wenn du dich schlafen legst und wenn du aufstehst. Du sollst sie als Zeichen um das Handgelenk binden. Sie sollen zum

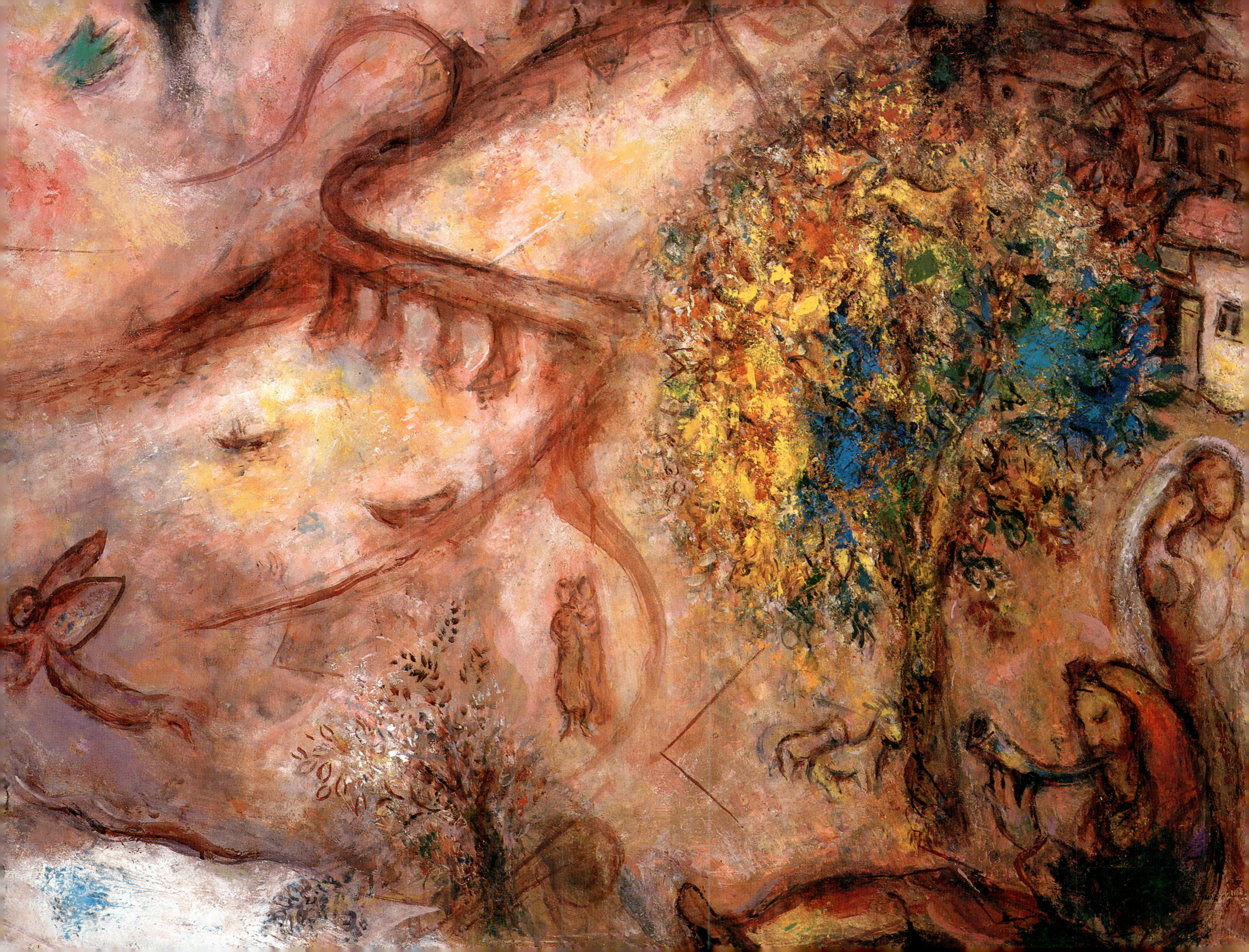

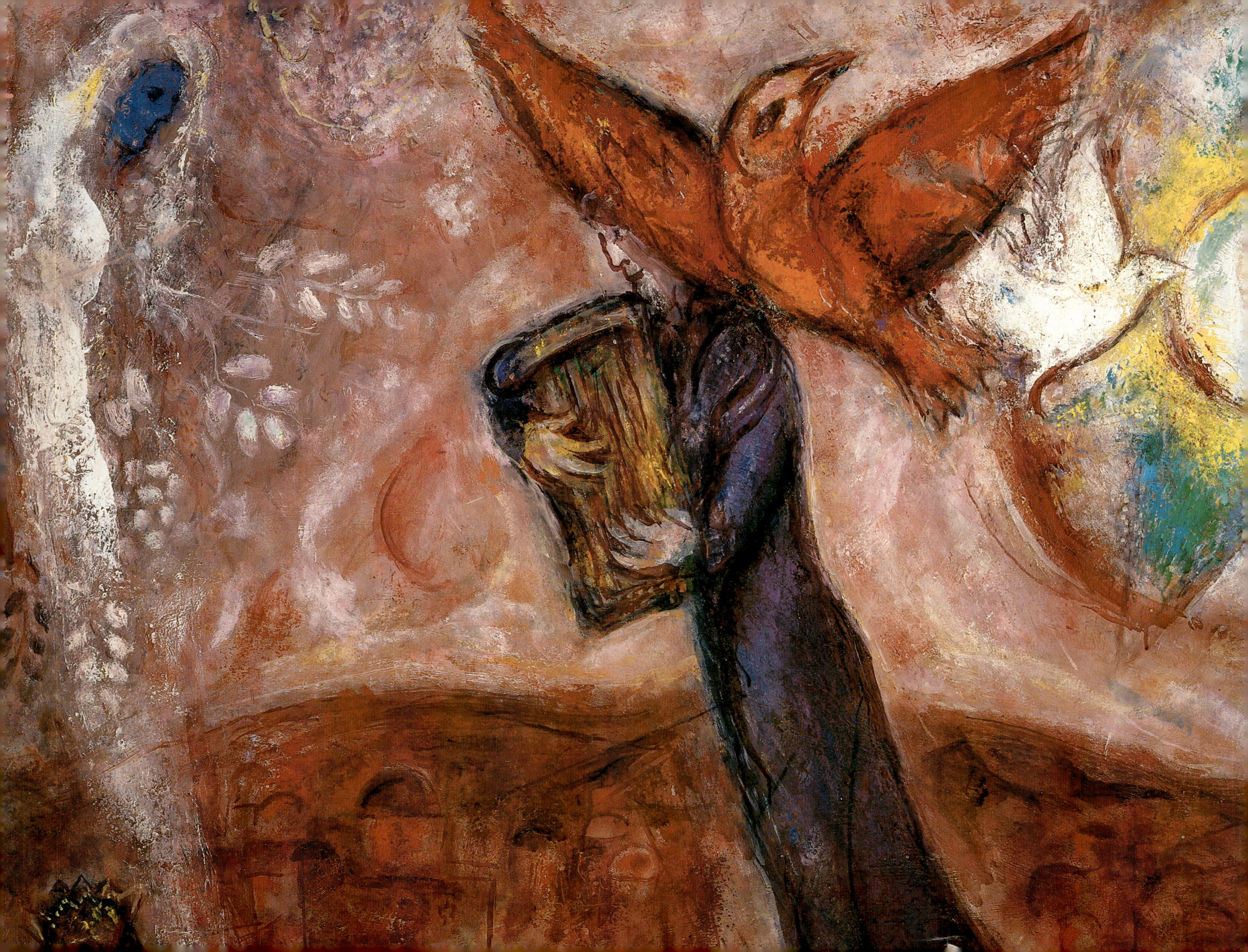

Schmuck auf deiner Stirn werden. Du sollst sie auf die Türpfosten deines Hauses und in deine Stadttore schreiben.« So ist auch in der Tefillin die Liebe angesprochen. Gott selbst ist es, den nach der Liebe eines jeden Menschen verlangt. Zwei Tiere nahe dem Baum, vielleicht ein Esel und ein Lamm, wie auch zwei Vögel im Baum horchen auf, von dem sie umfangenden Idyll der Liebe angerührt.

In der rechten oberen Bildhälfte wird der Liebe Lob in einem großen Blumenstrauß, der von Händen dargeboten in das Bild gereicht wird. Darüber, zur Mitte hin, sehen wir Frauen, schwebend voll Glückseligkeit, das Geheimnis der Liebe preisend.

Im Rücken des Bräutigams hat Marc Chagall zwei Vögel ins Bild gebracht. Der größere, in flammendem Rot, fliegt von der Sonne weg, schaut aber zu ihr zurück. Ein Flügel verhüllt gleichsam den Kopf des Bräutigams und enthüllt damit zugleich, was in ihm vorgeht. Der andere Vogel, kleiner, in weißem Farbton gemalt, fliegt die Sonne an. In dem roten und dem weißen Vogel dürften die beiden Grundkräfte angesprochen sein, mit denen sich der Mensch über sich selbst zu erheben, zu transzendieren vermag. Der größere, feurig rote Vogel symbolisiert die Fähigkeit zu lieben. Weil Liebe sich mitteilen, verschenken will, fliegt er von der Sonne weg. In dem kleineren, weißen Vogel sind wohl die Kräfte des Verstandes angesprochen, die dem Licht zustreben, die Wahrheit zu erhellen suchen. Deshalb fliegt der weiße Vogel in die Sonne hinein. Mit der unterschiedlichen Größe der beiden Vögel betont der Künstler, ganz in biblischer Sicht, den Vorrang der Liebe.

In der Bildmitte oben aber leuchtet, von Größe und Farbgebung her unübersehbar, die Sonne. Sie überstrahlt das Bild. In ihr finden sich nicht nur alle Farben dieses Bildes, sondern die Farben des gesamten Bilderzyklus wieder, gleichsam in der Sonne gesammelt. Zugleich aber werden die Farben, wie die nach außen weisenden, sternförmigen Zacken dartun, von der Sonne ausgesandt. Alle Liebe, Freude, Wonne, alles Glück, das die fünf Bilder zum Hohen-

lied in Farbe, Ikonographie und Komposition vermitteln, erscheinen in dieser Sonne vereint zur Veranschaulichung des Jubelrufes im Hohenlied: »Wie schön bist du und wie reizend, du Liebe voller Wonnen!« (7,7).
In der Weise, wie Marc Chagall die Sonne malerisch gestaltet hat, geht es ihm mit ihr nicht zuerst um den lichtspendenden Himmelskörper. Diese Sonne ist Symbol der Liebe Gottes. Und da Gott in der Tiefe seines Wesens »Liebe« ist, Liebe ausstrahlt, in seine Schöpfung ergießt, wird diese Sonne zum Symbol des liebenden Gottes selbst.
Wenn Marc Chagall der Sonne im Bild die Gestalt des Davidsterns gibt – eine Zacke ist durch den weißen Vogel verdeckt –, verkündet er die in der Bibel so vielfach bezeugte, besondere Liebe Gottes zu seinem Volk. Zugleich wird damit kundgetan, wer dieser in der Sonne zeichenhaft angedeutete Gott ist: »Der Heilige Israels«, »JAHWE«, »der Gott Abrahams, Isaaks und Jakobs«, »der Gott der Väter«. Von dem liebenden Gott stammt alle Liebe in der Welt, wo immer sie sich findet. Und da der Mensch »als Abbild Gottes geschaffen« wurde, ist wahre menschliche Liebe von ihrem Ursprung, ihrer Quelle, ihrem Wesen her immer durchsichtig auf Gott hin, transparent, von Gottes Liebe überstrahlt.
So finden wir denn auch unmittelbar unter der Sonne nochmals ein Brautpaar. Ihre Gesichter tauchen aus dem roten, wie von weißen Nebelschwaden durchzogenen Himmel auf. Das Gesicht der Braut, in strahlendem Goldgelb – und damit den Farbton der Sonne aufnehmend – gemalt, hat etwas von himmlischer Verklärung. Das dunkle Haar ist von einem zart angedeuteten Brautschleier umwoben. Hals und Schultern tauchen aus dem roten Bildgrund auf. In Grün sind das Gesicht des Bräutigams und seine Hand gehalten, die er behutsam auf die Brust der Braut gelegt hat. Beide sind zärtlich einander zugetan. Er hat seinen Kopf an ihren gelegt, schaut auf sie, während ihr Blick in die Ferne geht. In ihrer ehrfürchtigen Liebe zueinander wird das in Gott gründende Mysterium der Liebe erlebbar.

Gott liebt und will geliebt werden. Deshalb gibt es Liebe in der Welt. Gott hat die Liebe seiner Schöpfung eingeschaffen und kundgetan, daß nichts so wichtig ist wie Liebe. Das Hohelied besingt bräutliche Liebe, Liebe zwischen Mann und Frau. Da wahre Liebe immer auf Gott hin transparent ist: »Wo die Liebe ist, da ist Gott«, muß im biblischen Text des Hohenliedes das Wort »Gott« nicht genannt werden. Um diese Transparenz der Liebe im Hohenlied dem Beschauer der Bilder sichtbarer zu machen, hat Marc Chagall entsprechende biblische Symbole in seine Bilder aufgenommen. Diese Symbole sind nicht Fremdkörper, sondern ergeben sich ganz natürlich, selbstverständlich, einfach dazugehörig aus dem Weltbild der Bibel, der das Hohelied entstammt.
Die Bilder von Marc Chagall zum Hohenlied lassen die Liebe von Mann und Frau und in ihr die Liebe Gottes aufleuchten, und die ganze Schöpfung ist miteinbezogen. Es sind Bilder von mystischer Tiefe, die Verständnis wecken, Herzen öffnen, Liebe emotional erfahrbar machen. Marc Chagall will mit seinen fünf Bildern zum »Lied der Lieder« die vor ihnen verweilenden Beschauer dahin führen, daß sie spüren: Das Wort der Braut von ihrem Bräutigam gilt mehr noch von dem liebenden Gott: »Sein Zeichen über mir heißt Liebe« (2,4), und das Wort des Bräutigams zu seiner Braut ist mehr noch Lobpreis Gottes: »Wie schön ist deine Liebe« (4,10).

Postskriptum

Es war am Sonntag, dem 20. November 1983, im Saal des Hohenliedes. Unerwartet erschienen Marc und Vava Chagall zu einem kurzen Besuch im Museum und fanden mich beim Lesen des Umbruchs zu diesem Buch. Überraschung und Erlebnis zugleich! Aus innerem Ergriffensein von seinen Bildern und der Atmosphäre des Raumes kamen die Worte, die der 96jährige Maler geradezu andächtig sprach:

»DIEU EST ICI!« – »GOTT IST HIER!«

Inhalt

Zu den Fenstern von Marc Chagall in der St.-Stephans-Kirche in Mainz sind vom gleichen Textautor im Echter Verlag erschienen:

Marc Chagall/Klaus Mayer

Band I DER GOTT DER VÄTER
Bilder und Texte zum Mittelfenster

Band II ICH STELLE MEINEN BOGEN IN DIE WOLKEN
Bilder und Texte zu den flankierenden Mittelfenstern

Band III HERR, MEIN GOTT, WIE GROSS BIST DU!
Bilder und Texte zu den seitlichen Fenstern

echter